歴史史料に学ぶ❷

近世城郭の謎を解く

城郭史料研究会◉編

戎光祥出版

はしがき

明治維新時に存在した城郭、つまり大名の居城は一八一城あり、幕府直轄の城郭（江戸城・大坂城など）は五城であった。大名の陣屋は、一〇七存在したという（森山英一『明治維新廃城一覧』、新人物往来社、一九八九年による）。これに各藩の御殿・砲台・代官所等の関連施設を含めると、どれくらいの総数になるか、現時点で正確に述べることは難しい。また、明治を迎えることなく、江戸期に廃絶してしまった城郭・陣屋もかなりあった。

今日、国宝・重要文化財の天守を残す近世城郭もあれば、石垣や堀しか残さない近世城郭もある。長岡城（新潟県長岡市）のように、明治初頭以降に破却が進み、今となっては地表面にはほとんど痕跡を残さない近世城郭も存在する。

ところで、石垣や土塁、櫓や門などが残る近世城郭を訪ねると、「おや？」と思う遺構に行き当たることがある。また、城郭の絵図を見ていると、耳慣れない用語が記されていたり、見かけない遺構が描かれていることがある。

それらが何と呼ばれる遺構なのか、どのような性格・役割をもった遺構なのかが知りたいと思っても、すぐにわからないことがある。城郭用語を収録した文献にあたってみるのもよいが、そこに取り上げられていない遺構・事柄も意外に多い。

そこで、これまであまり注目されることがなかった遺構、あるいは絵図・史料等に記された用語・描写等、論点となるような遺構や事柄について、〝事典〟的に、なるべく簡潔になるよう取り上げてみたのが、本書である。

一般的に、近世城郭の規模は大きく、そこには実にさまざまな施設が存在していた。今となっては断片的な遺構しか残っていなくても、その範囲で読み取れる情報は結構多い。調査・研究の対象とすべき範囲も、多岐にわたる。

遺構が残る近世城郭ならば、二、三回訪れた程度では、すべての遺構を見切ることはできない。何度も訪れている近世城郭であっても、季節・時間帯・天候・歩きまわる順序が違うだけで、ずいぶん印象が変わってくる。そして、今まで見落としていた遺構にも、往々にして気づくこともあり、近世城郭の奥深さを実感することになる。それは、近世城郭を歩く際の醍醐味でもある。

そこで、本書は近世城郭の面白さを感じ取ってもらえるよう、かつ、調査・研究上の呼び水となるような項目を、「土木工事（普請）の謎」「建築工事（作事）の謎」「城郭に刻まれたさまざまな謎」の三部に分けて取り上げてみた。

なお、城郭における「普請《ふしん》」とは土木工事のことで、具体的には堀・土塁・石垣を構築することを指す。土木工事によって完成された堀・土塁・石垣を指して、「普請」遺構としてとらえる場合もある。

一方、城郭における「作事《さくじ》」とは建築工事のことで、具体的には天守・櫓・門・御殿等を建設することを指す。建築工事によって完成した天守・櫓・門・御殿等を指して、「作事」遺構ととらえる場合もある。素人仕事もあるが、基本的には大工が関与して建てられるものである。

江戸幕府は、寛永十二年（一六三五）に寛永武家諸法度を発布するが、そこでは堀・石垣等の普請遺構の修復に関して、必ず幕府に届け出のうえ、許可を受けることが定められる。これに対して作事遺構は、元あったとおり、つまり現状維持に努めるならば、幕府に届け出る必要がないとされる。城郭の修復という面で、普請と作事の扱いは明瞭に区別されていたのだ。これは、城郭としての本質である軍事面において、作事よりも普請が格段に重視されていたことを端的に示すものとなっている。

もっとも、先にお断りしておくと、本書はすべて正解が判明している遺構・描写等ばかりを取り上げているわけではない。現状では、このように考えるのが妥当ではないかといったものを含んでいる。あるいは、こうした視点で近世城郭を考えるべきではないかとの提言もある。本書が、近世城郭の調査・研究上の視点を広げるものとして、あるいは近世城郭を楽しむ際の参考資料として利用いただけるのならば、望外の喜びである。

二〇一九年三月

執筆者一同

近世城郭の謎を解く【目　次】

第一部　土木工事（普請）の謎

第二部　建築工事（作事）の謎

第三部　城郭に刻まれたさまざまな謎

凡　例

一、本書は、近世城郭の遺構や城郭絵図を主な題材とし、近世城郭に残された各種の謎を取り上げ、その歴史や特質を解説したものである。

一、各種の謎を、性格ごとに三つに分類し、「第一部　土木工事（普請）の謎」「第二部　建築工事（作事）の謎」「第三部　城郭に刻まれたさまざまな謎」の三部構成とした。

一、各見出しの下には、所在地、主な遺構、主な城主、石高、の四項目を付した（一部例外あり）。このうち、石高については主な時代のものとした。特記事項がある場合は適宜各項目に記した。また、所在地についてはスペースの都合ですべてを掲載できなかった箇所がある点は注意されたい。

一、人名や歴史用語には適宜ルビを振った。読み方については、各種辞典類を参照したが、歴史上の単語、とりわけ人名の読み方は定まっていない場合も多く、ルビで示した読み方が確定的なものではない。

一、用語については、それ自体が論点となる場合があるので、本書では執筆者間での統一はしていない。

一、提供者の氏名が記載されている写真以外は、著者あるいは小社提供の写真である。

第一部　土木工事（普請）の謎

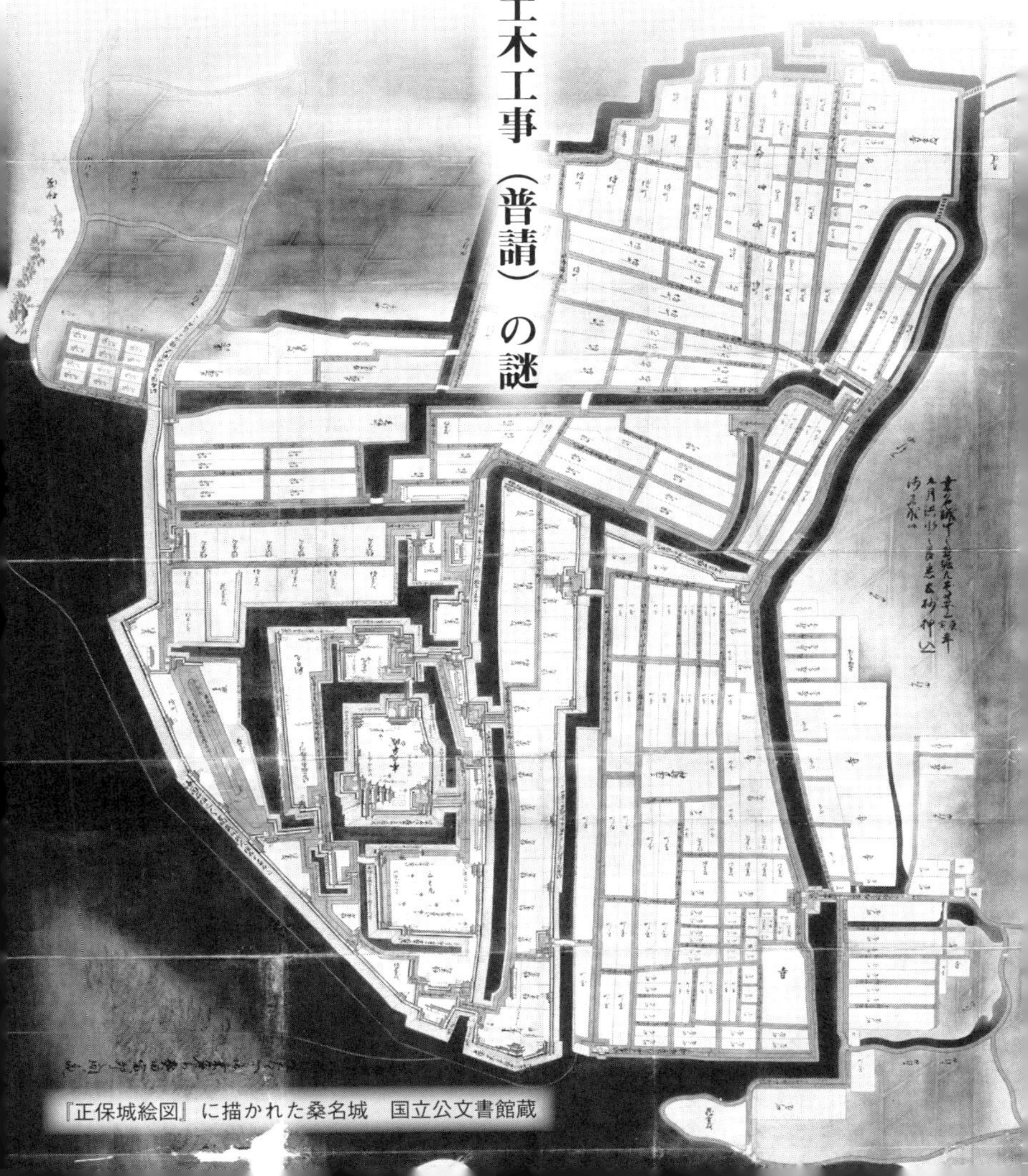

『正保城絵図』に描かれた桑名城　国立公文書館蔵

1 混在する新・旧の西洋式築城術——五稜郭《ごりょうかく》の底塁《ているい》

所在地：北海道函館市五稜郭町
主な遺構：土塁・石垣・堀
主な城主：なし（江戸幕府直轄）
石　高：幕府直轄

函館五稜郭（別名・亀田役所土塁《かめだやくしょどるい》。以下、「五稜郭」と呼称する）は、幕末に幕府によって築かれた稜堡式《りょうほしき》西洋城郭として知られている。フランスの築城家ヴォーバンの築城法や、幕末に輸入されたオランダ人ペルの築城書（大鳥圭介《おおとりけいすけ》が「築城典刑《ちくじょうてんけい》」と題して和訳。内容はフランス流築城に近い）の影響が指摘されているが、これらと構造的に異なっている箇所も数多い。それらをすべて述べるには紙数が足らないので、ここでは五稜郭の「底塁」についてのみ考えてみたい。

五稜郭の塁壁《るいへき》は二重構造を持つが、「本塁《ほんるい》」の外側に設けられた低い塁壁が「底塁」（図①）である。これに類似した施設を「築城典刑」から探してみると、「コントレガルド」「エンヘロッペ」という記載と図を、それぞれ見出すことができる（図②）。コントレガルドとは、本塁から堀を挟んで稜堡前面を覆い、弱点となりがちな稜堡正面を防御する細長い区画のことであり、エンヘロッペは、コントレガルドが連結し、複数の稜堡、あるいは城郭全体を覆って防御する区画を指す。

しかし、五稜郭の底塁は「築城典刑」の図と比べると、本塁との間の空堀《からぼり》が相対的に小規模である。本来、コントレガルドやエンヘロッペと本塁の間の堀は、強力かつ大規模なものであるべきで、ヨーロッパにおける類例もおおむねそうなっている。つまり、五稜郭の底塁はコントレガルド、エンヘロッペと比べて本塁に近すぎる位置にある。

一方で、オランダの事例では、本塁のすぐ外側に低い土塁がしばしば認められ、オンダーウォルと称されている。英語に訳すとボトムウォール、つまりは「底塁」である。底塁を築く際に意識されたのは、むしろこちらのほうだろう。

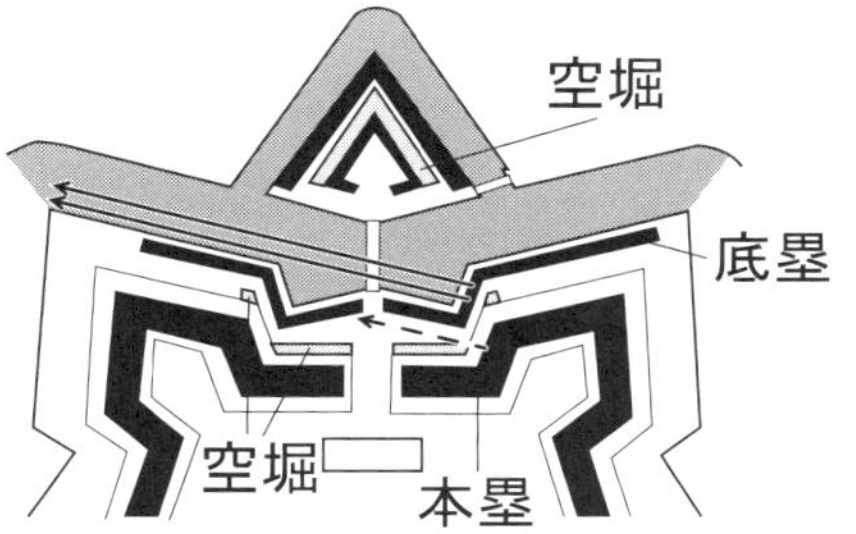

① 五稜郭模式図（1866 年築城、稜堡間の底塁のラインが前方に突出している）

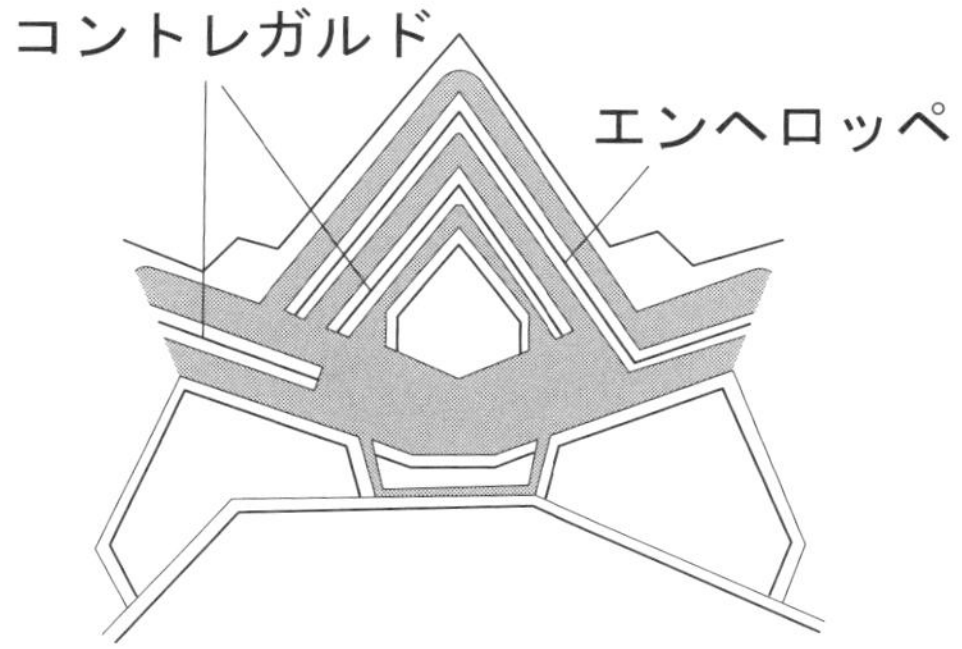

②「築城典刑」八十四図（トレース）

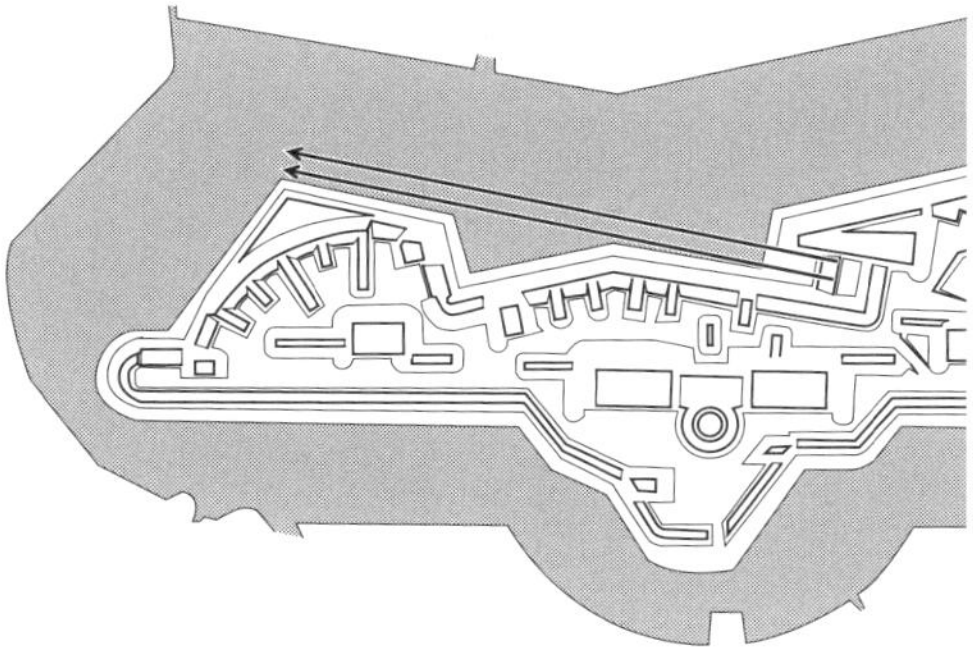
③ アルテナ要塞模式図（オランダ、1847 年築城）

ところで、このオンダーウォルという施設は、オランダ流築城においては十八世紀初めまでの築城方式に特有のもので、五稜郭の築かれた十九世紀半ばの段階ではすでに廃れていた技術であった。当然、その後のヨーロッパでは新しい技術や方法が生まれているが、五稜郭の底塁には、そういった状況に対応しようとした形跡も認めることができる。

それは、稜堡間の底塁のラインが前方に突出する部分である。稜堡から隣の稜堡の先端にいたる堀内の射線軸を揃えるこの構造は、オランダでは十七世紀末から十九世紀半ばまで使用されている（図①・③実線矢印が揃った火線）。すなわち、五稜郭の底塁では、古いオンダーウォルと新しい塁線《るいせん》の形が混在していることになる。

ところが、ここに問題がある。前述した塁線の突出構造は、本来、オンダーウォルを持たない、比較的新しいタイプの稜堡式城郭だからこそありうる構造なのである。五稜郭の場合、本塁・底塁間の高低差を考慮しても、突出した底塁が邪魔になり、本塁から隣接する稜堡に火線が通らなくなるという齟齬が生じている（図①点線矢印）。

これらのことからわかるのは、当時の日本における西洋城郭情報の蓄積度である。すなわち、古い時代のものから新しい時代のものまで、広く収集していたであろうことが見て取れる。同時に、それらを実際には理解しきれず、混乱している状況もわかる。五稜郭の底塁には、そのような十九世紀日本における西洋式築城の実際が凝縮されているのだ。

（山本浩之）

2 算木積《さんぎづみ》に似せて造られた本丸表門の石垣
——久保田《くぼた》城の石垣

所在地：秋田県秋田市千秋公園
主な遺構：石垣・土塁・堀・番所
主な城主：佐竹氏
石高：二十万五八〇〇石

秋田市街地の一角にある久保田城は、常陸国水戸《みと》（水戸市）から転封を受けた佐竹《さたけ》氏が慶長八年（一六〇三）に築いた。城郭の主要部は千秋《せんしゅう》公園として整備され、堀・土塁が良好に残されている。かなりの幅も高さも有する土塁、隔絶性の高い堀、折れを多用する虎口《こぐち》など見応えは十分ある。もともと、東国の土造りの城郭になじんでいた佐竹氏らしい縄張《なわば》りであるといえよう。

ところで、石垣の積み方の一つに〝算木積〟がある。算木とは、和算《わさん》等で計算に用いられる長方形の木片（竹片）のことで、算木積とは、石垣の隅部に長方形の石を互い違いに積み上げるものである。そのため、片側から見ると、長い面の上に短い面、その上には長い面が見えるよう順次積み上げた形になる。

北垣聰一郎氏によれば、算木積の完成形態は長い面と短い面の規格化が進み、なおかつ、短い面の外側に隅脇石《すみわきいし》と呼ばれる正方形に近い石を入れたものとされる。これにより数メートルの高石垣が、安定的にかつ強固に築けるようになった。

先述したとおり、久保田城は土造りの城郭だが、実は石垣も用いられている。石垣は、虎口周

本丸表門の石垣

りや通路に面した土塁の裾部を中心に用いられている。土塁の裾部に設けられているだけに、高さはせいぜい1メートル前後にすぎない。土塁裾部に設けられたのは、土塁の崩壊を止める役割を担っていたためだろう。土塁に対して、通路・虎口周りは必然的に低い位置にあり、そのため雨が降れば水が流れ込みやすくなる。流れ込んだ水は土塁裾を侵食し、やがては土塁の崩壊を誘発しかねない。そこで、裾部だけでも石垣にしておけば、強度を保つことができるのである。

また、石垣に比べて、土塁の法面《のりめん》の傾斜は否が応でも緩くなる。近接して門を建てようとすれば、土塁との間の開口部が広くなり、防御性や遮断性が弱くなる。そこで、土塁の裾だけでも石垣にしておけば、門との開口部はかなり狭めることができる。

主に、右のような二つの理由から、久保田城の土塁裾には石垣が用いられたと考えられる。

久保田城の本丸南東には、平成十三年に表門《おもてもん》が建設された。往時の古写真が残っているわけではないから、再建というよりも模擬建築に近い。しかし、発掘調査で検出された礎石《そせき》を元に柱配置は設計されており、細部はともあれ、旧態にかなり近くなっている。

表門の北側には、低い石垣がある。築かれた時期は不明だが、江戸期に遡る遺構と考えられる。この石垣の裾には、石組みの排水溝が設けられている。

肝心の石垣は、長さ50センチ前後のきれいに整形された方形の石を、あたかもブロックのように積んでいる。背面の様子はわからないが、個々の石は奥行きがなく、薄っぺらい印象を受ける。きれいに整形した方形の石ならば、垂直状に積み上げることも可能だが、この石垣は傾斜がかなり緩い。そして、隅部は長い面、短い面を交互に積み上げた形に調整している。厳密にいえば、短い面も長い面も方形ではなく、台形に近い。また、隅部の稜線は傾斜が緩いとはいえ直線状となっているうえ、個々の石はきれいに整形されているから、それなりに見栄えもする。

この石垣は、算木積とはいえない。ただし、算木積を意識したもの、算木積に似せたものということはできよう。そもそもあえて算木積を用いるほどの場所ではないし、算木積を用いるほどの高さでもないのである。これは、算木積に似せた城郭石垣において、算木積が一つの標準仕様となった（あるいはなりつつあった）時期以降に築かれたものではあるまいか。本来、城郭の防御性を高め、石垣の強度を保ち、かつ上部の作事と連動すべく、算木積は織豊期から近世初頭にかけて発達した。一方で、本質的な機能とは別に、形式的にでも算木積の石垣を城郭に用いたいとの思いから、形ばかり似せたのがこの久保田城の石垣ではなかったか。

（髙田　徹）

3 なぜ見《み》栄《ば》えを意識した馬出《うまだし》が造られたか ——松山《まつやま》城の丸馬出《まるうまだし》

所在地：山形県酒田市新屋敷
主な遺構：堀・土塁・門
主な城主：酒井氏
石　高：二万五〇〇〇石

馬出とは、虎口部分に設けられた堀と堀に挟まれた小さな曲輪である。

近世城郭における馬出の特徴を挙げれば、①内部を通路が通り抜ける。②前後の堀には、木橋か土橋が掛かる。前方（城外側）の橋は、一本の場合と二本の場合がある。③後方（城内側）の橋正面には、門が設けられる場合が多い。④前方の橋は、後方の橋の側面か正面斜め方向に設けられる。そのため、馬出内部では通路が屈折する。⑤前方の橋の内側には、門が設けられる場合も、設けられない場合もある。設けられる場合は、軽微な門（棟門・冠木《かぶき》門・高麗《こうらい》門）に止まる。⑥塁線には、土塁や石垣が築かれる場合が多い。⑦塁線上に塀や柵が設けられる場合はあるが、櫓や多門が設けられる例はまれである。⑧馬出内側は広場状となり、番所《ばんしょ》くらいしか建たない。⑨外縁の塁線がコの字形となる角馬出《かくうまだし》と、半円形となる丸馬出に大別される、等となる。ただし、『正保城《しょうほうしろ》絵《え》図《ず》』では虎口前の広場（山形《やまがた》城〈山形市〉）、門内側の石塁に囲まれた枡形《ますがた》（烏山《からすやま》城〈栃木県那須烏山市〉）を馬出と呼称する例もあるが、一般的であったとは言えない。

後方にある門の付属施設として、門の全体あるいは一部を前方で保護する役割を担ったのが馬出であった。私見では、後方の門を保護する程度の面積で、門に従属的な小曲輪であったと捉えている。かなり広い面積を持ち、後方の門との関連性が薄いものを「馬出」「馬出曲輪」と呼ぶのは違和感を覚える。

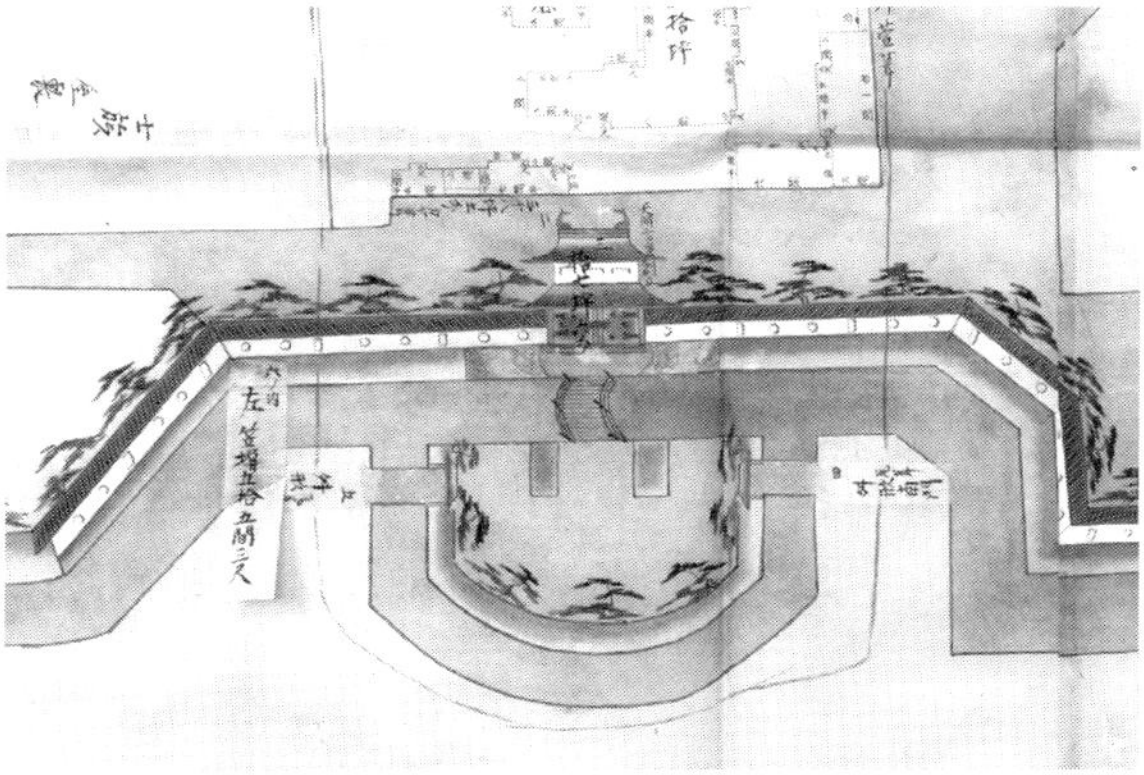

陸軍省城絵図に描かれた松山城の馬出　しろはく古地図と城の博物館富原文庫蔵

さて、天明元年（一七八一）から七年にかけて新規築城された出羽国の松山城は、甲州流《こうしゅうりゅう》の軍学者《ぐんがくしゃ》・長《なが》坂正逸《さかまさのり》が縄張りを担当した。築城計画図を見ると、塁線は湾曲する部分、鈍角・鋭角に折れる部分が目立ち、軍学者の関与が如実に表れている。もっとも、明治初期の絵図（『富原文庫蔵 陸軍省絵図』）を参照すると、二の丸の一部と三の丸が完成していた程度で、本丸は築かれた形跡がうかがえない。少なくとも、計画図どおりに普請が進んだわけではないのは確かである。

松山城の三の丸には、山形県指定文化財の二層二階の大手門が現存する。この大手門は、豪商本間《ほんま》家の寄《き》進《しん》を受けて、寛政四年（一七九二）に完成したものである。大手門周囲はかなり変貌しているが、かつての

松山城の大手門

堀の一部が再現されている。また、民家との境界には、丸馬出の土塁がわずかに残っている。前記築城計画図では、ホームベース形の五角形に描かれているが、それでもはっきりと「丸馬出」と記している。

一般的に、江戸期の城郭絵図では、実際にはいびつな半円形の馬出であっても、綺麗な半円形に描く向きがある。松山城の五角形をした丸馬出は、軍学者のオリジナリティを打ち出したものであったのかもしれない。もっとも、明治初期の絵図を見ると、他の城郭に見られるような、半円形に近い丸馬出に描かれている。断片的ながら現存する土塁からも、五角形であった形跡はない。さらなる検証は必要だが、五角形の丸馬出は実施されなかったか、途中で改変された可能性がある。

それにしても、絵図に描かれた丸馬出は、城域の南端中央部にあり、とても目立つ。馬出の側面の塁線が折れ曲がっている点も相乗効果を生む。大手門にふさわしい前衛となり、象徴的な存在と認識できるものである。

たしかに、絵図を見る限りは象徴的と言えるが、実際に目にしたときはどうだっただろうか。丸馬出の塁線が湾曲していることはわかっても、半円形（≒象徴性）を感じ取らせることは難しいだろう。全体の形を把握しようとすれば、高い位置から俯瞰するしかない。人間の立ち位置から見れば、丸馬出の前面（城外側）を広場にしたり、前後の位置にあって直線的な堀や土塁との不整合さを造り出したりすれば、ある程度は丸馬出らしさを認識させることはできるだろう。それでも、絵図から受けるほどの効果は期待できない。こうしてみると、絵図を作成したときの見栄え、絵図から受ける印象を相当意識して丸馬出は計画され、築かれた面があったと考えられる。

ところで、江戸期の公的な絵図類では、「丸馬出」の呼称はほとんど使用されない。大抵は「馬出」と呼ばれている。絵図で形を見ればわかるし、そもそも江戸期には丸馬出と角馬出の機能的な違いを重視していなかったからであろうか。はっきりとした理由はわからないが、その中で松山城の計画図では「丸馬出」と明記されているのは、とても珍しいことなのである。

なお、丸馬出にともなう半円形の堀を公的な絵図・文書等で「三日月堀《みかづきぼり》」と呼ぶ事例は、いくつか確認できる。

「丸馬出」・「三日月堀」の呼称がいつ頃から公的な絵図・文書上で登場するようになるのだろうか。ここにも軍学の関与を考えたいところであるが、事例を集めての検証を必要とする。詳しくは「不明」というのが現時点での正解と言えよう。

（高田　徹）

4　防戦に適さない石段《いしだん》が築かれたわけ

——盛岡《もりおか》城の石垣《いしがき》・百足橋《むかでばし》

所在地：岩手県盛岡市内丸
主な遺構：石垣・土塁・堀
主な城主：南部氏
石　高：二十万石

盛岡南部《なんぶ》家二十万石の居城であった盛岡城は、土塁《どるい》造りの城郭が多い東北地方の近世城郭のなかにあって、本丸・本丸腰曲輪《こしぐるわ》・二の丸・三の丸からなる城の中心部をほぼ総石垣で固めた城として知られる。しかし、曲輪廻りの石垣が良好に保存されている反面、曲輪内部の低い石垣・石《いし》土居《どい》のほとんどが破壊され、遺構をとどめない。

これは、城内建造物の破却から三十二年後の明治三十九年（一九〇六）、盛岡城址が岩手公園として整備されるとき、公園内の回遊性を高めるために石垣遺構が撤去されたことによる。破壊が惜しまれる遺構には、本丸腰曲輪・二の丸を隔てる石土居に開く、穴門《あなもん》と称される隧道《ずいどう》状の虎《こ》口《ぐち》がある。取り崩された石垣石材は、城址の所々に設置された石段、坂道の勾配《こうばい》を緩める増設石垣、庭園風に改変された内堀際の修景石組などに使われている。

その中で、「奇観《きかん》」とでもいうべき光景は、本丸南面の石垣に設置された石段である。腰曲輪から本丸に容易に上れる便利な施設だが、これは盛岡城本来の歴史的動線を消し去り、本丸の防御性を危うく思わせるなど、見学者に誤解を与えかねない構造物になっている。

城郭にとって、石段は有用なものかどうか、議論は分かれるだろう。石土居に上がるための合《あい》坂《さか》や雁木《がんぎ》は、防御ラインの攻防戦には欠かせない施設だが、曲輪への昇降施設としての石段は、敵を利するリスクを伴う。籠城戦を想定したとき、いったん危急の事態が起これば、急いで取り壊すことが容易ではない。石段は防戦に適さないのではないか。

江戸時代の盛岡城には、石段がほとんどなかった。元和年間のものと推定される、南部利直《としなお》が家老に宛てた書状には、「雁木を使わずに土手《どて》を上がれるようにせよ」と解釈できる部分がある。事実、盛岡城に設《しつら》えられた曲輪上への昇降装置は、石垣に沿って斜めに上がる木製階段で、取り外しが容易なものばかりであった。

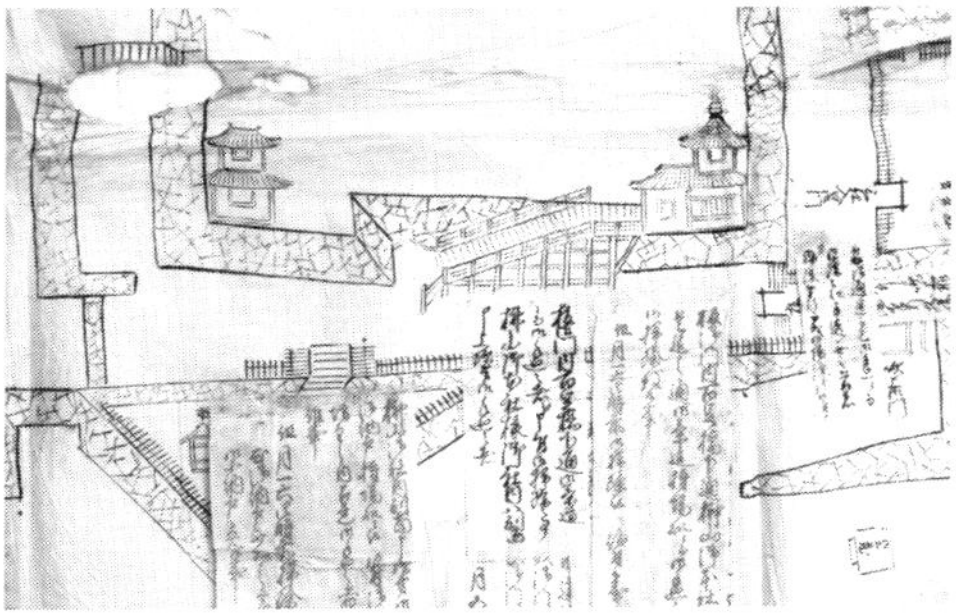
「盛岡城内図」（天保年間）に描かれた二重櫓と百足橋
もりおか歴史文化館蔵

最初に設置された場所は、本丸御末門《おすえもん》虎口前方の石垣と、三の丸北面明神《みょうじん》曲輪の石垣で、その様子は「伝寛永年間盛岡城絵図」（もりおか歴史文化館蔵）など、江戸時代初期の数種類の城絵図に描かれている。

その後、寛文八年（一六六八）に本丸殿舎が再建されたとき、本丸西南隅二重櫓《にじゅうやぐら》に取り付く多門《たもん》櫓の妻側出入口から、腰曲輪に降りる木製階段が設置された。石垣を斜めに上るこの橋は、「百足橋」と呼ばれる。むかで橋、ひゃくそく橋と読まれているが、江戸時代中期には、腰曲輪西面石垣から三角形に突き出た榊山《さかきやま》曲輪石垣にも「百足橋」（榊橋ともいう）が設置されている。そこに鎮座する領内総鎮守・榊山稲荷大明神本宮に詣でるための架橋である。

さらに、幕末期には本丸南面石垣にも「百足橋」が設置された。これは、時の城主が腰曲輪にあった御馬見所《おうまみじょ》に下るための施設であるが、これら三ヶ所の木製階段は、城中の動線には無関係で、いわば間道《かんどう》に当たるものと考えられる。その後、幕末期に至り、本丸西南隅の「百足橋」は本丸殿舎の一部となり、城主専用の座敷を兼ねた階段になった。石垣に沿う細長い建造物で中二階を持つ外観三階内部四階の懸造《かけづく》り構造であり、四階にある海老《えび》の間が本丸殿舎の一階に接続するというもので、車寄《くるまよせ》がある風雅な建築だったようだ。

盛岡城内の橋といえば、本丸御殿と中之丸御殿を結ぶ有名な廊下橋《ろうかばし》がある。本丸殿舎が再建された寛文年間は、屋根の架かった多門櫓状の橋廊下と、その左側に備わる普通の木橋で構成されていたが、幕末期には上廊下橋が増設されるなど、複雑な構成になった。実はここにも、空堀の堀底道から本丸石垣を斜めに上がり、上廊下橋本丸側入口に接続する木製階段があった。盛岡城は、ほんとうに木製階段の多い城だった。現在、「史跡盛岡城跡保存管理計画」が策定され、遺構復元の計画がある。石段撤去など城址の原状回復と公園の回遊性を両立させる手段として、これら「百足橋」の木造復元は理想的な方法である。

（神山　仁）

5 領内に多数造られた仙台《せんだい》城の模倣
――仙台城の馬出

所在地：仙台市青葉区天守台
主な遺構：石垣・土塁・堀
主な城主：伊達氏
石　高：六十二万石

馬出というと、一般的には中世のいわゆる武田《たけだ》系城郭や近世の譜代大名系城郭などを思い浮かべるが、実は近世の伊達《だて》氏領内（仙台藩内）にも、馬出を持つ城郭が多数存在していた。伊達氏領内への本格的な馬出の導入は、奥羽仕置《おううしおき》が契機と考えられる。天正十八年（一五九〇）の奥羽仕置に際して、豊臣政権は奥羽の城割《しろわ》りをおこない、不要な城郭は破却し、統治に必要な拠点城郭は改修して大名に引き渡した。

当時、米沢《よねざわ》から岩出山《いわでやま》に移された伊達氏の領内では、伊達氏の居城となる岩出山城（宮城県大崎市）を徳川家康《とくがわいえやす》が改修し、このときに丸馬出が造営されたとみられる。同じく、徳川氏によって改修された佐沼《さぬま》城（宮城県大崎市）や、大谷吉継《おおたによしつぐ》の改修による岩谷堂《いわやどう》城（岩手県奥州市）にも丸馬出が導入されている。これ以前の仙台藩領にも馬出自体は存在しており、高清水《たかしみず》城（宮城県栗原市）にも、同時期かそれ以前に角馬出が存在していた。

慶長六年（一六〇一）に、伊達政宗《まさむね》は岩出山城から仙台城に居城を移した。政宗期の大手口とみられる後の三の丸巽門《たつみもん》付近や、二代藩主忠宗《ただむね》が新たに設けた二の丸大手門に通じる大手道に

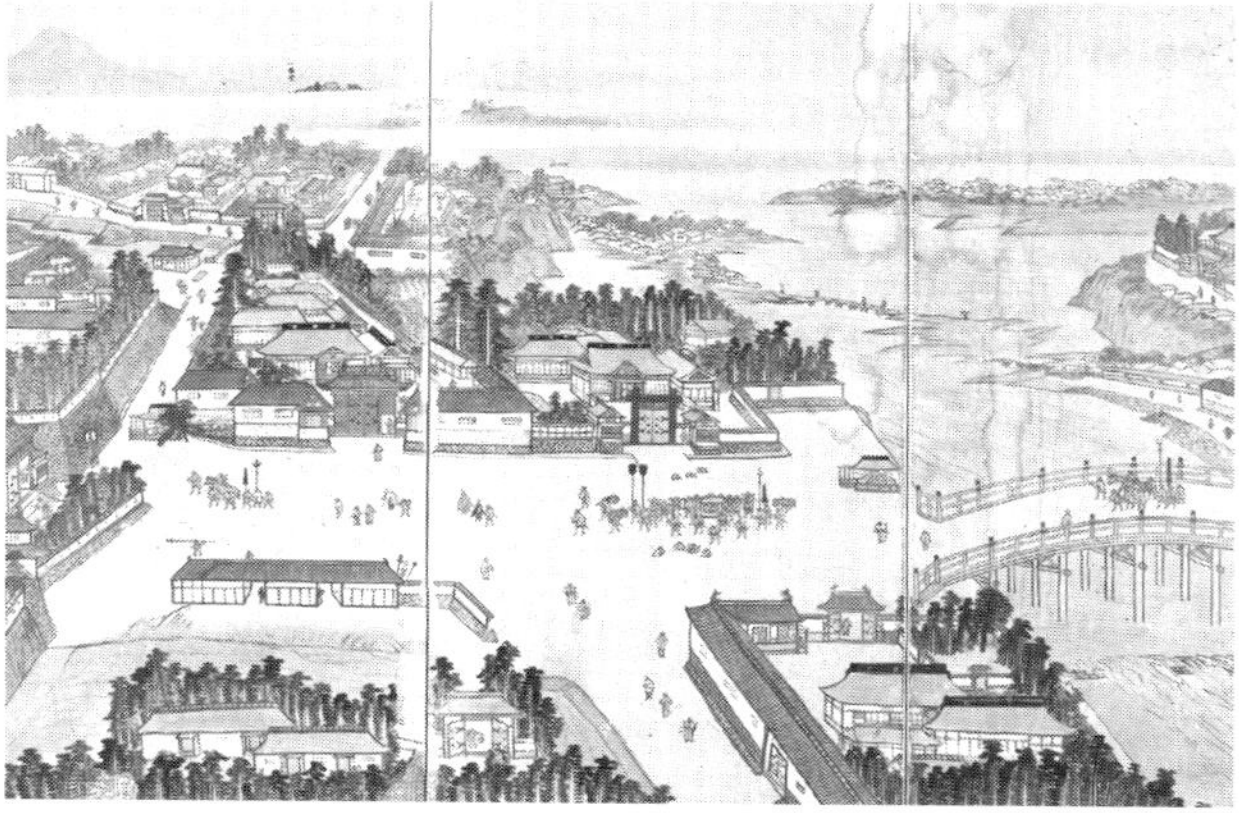
「仙台城下図屏風」に描かれた仙台城の馬出付近　仙台市博物館蔵

面する三の丸の子《ね》の門にも、馬出が設けられた。これらの場所には、当初、「桝形」が存在していたが、それが寛文四年（一六六四）頃から、「馬出」へと変えられたのである。これらの馬出は、典型的な前面に堀をともなうものではなく、城外や曲輪外からの視線を遮る「かざし土居」のような形態のものであるが、仙台藩ではこれを「馬出」と公称し、幕府への修補伺いにもそのように記した。したがって、仙台城では近世に入ってのある時期に、馬出が設けられたことがわかる。

このような様子は、他の仙台藩領内の支城《しじょう》（要害《ようがい》）からもうかがえる。高清水城では、既存の角馬出を埋めてさらに一回り大型の丸馬出に改修し、さらにそれを拡張した丸馬出を造営している。つまり、意識的に馬出の大型化が図られているのである。また、幕府から「城」として認められた白石城《しろいし》（宮城県白石市）でも、天和三年（一六八三）頃までに、城の南方にある田町口《たまちぐち》門に半円形の水堀《みずぼり》と土塁をともなう丸馬出が設けられた。白石城は武家諸法度《ぶけしょはっと》の規制を受けることから、この改修は幕府との関係上、藩主の許可なしにはありえない。

馬出造営の意図がよくわかるのが、宮床城《みやとこ》（宮城県黒川郡大和町）の事例である。宮床城は、寛文六年に三代藩主綱宗《つなむね》の実弟宗房《むねふさ》の在郷居館《ざいごうきょかん》として築かれた。この時期は、まだ要害制が成立しておらず（涌谷《わくや》城の項を参照）、このような在郷居館の設置が可能であった。綱宗は、田手《たで》氏を継いでいた宗房に伊達姓を下賜して家臣の家格最高位の一門に取り立て、藩主権力の強化を図っていた。その綱宗の意向を受けて築かれた宮床城の大手口には、均整の取れた大型の丸馬出が設けられたのである。

一方で、二度にわたって拡張された高清水城の馬出は、貞享五年（一六八八）頃までに意図的に埋め立てられて、馬出の存在した痕跡は消滅してしまう。馬出の存在する城郭は、仙台藩内では藩主の居城仙台城と、宮床城など一門やそれに準ずる一部大身家臣の在郷居館に限られていく。

家康によって伊達氏領内に導入された馬出は、近世仙台藩という秩序の中で、一種のステータスシンボル的な扱いを受けながら、再生産されていった。これは、懸造りのような特殊な施設が、仙台城と仙台藩一門筆頭石川《いしかわ》氏の居城・角田《かくだ》城にのみ設けられたことと通じるものがある（角田城の項を参照）。馬出のような施設が近世城郭に造営されると、軍学の影響から論じられることが多いが、一つ一つの事例に即してみていくと、また違った解釈ができそうである。（太田秀春）

6 将軍の日光社参《にっこうしゃさん》に使われなくなった本丸
――宇都宮《うつのみや》城の本丸

所在地：栃木県宇都宮市本丸町
主な遺構：土塁
主な城主：本多氏・奥平氏・戸田氏
石高：十五万五〇〇〇石

宇都宮城は、宇都宮氏代々の本拠地であった。戦国末期には、攻め寄せる北条《ほうじょう》氏に対抗して、西側の多気山《たげさん》（宇都宮市）に一時、拠点を移すが、北条氏滅亡後に宇都宮城に戻ったと考えられる。宇都宮氏の改易《かいえき》後は蒲生《がもう》氏の城となり、関ヶ原合戦後は譜代大名が藩主を歴任した。幕末には官軍に属したため、土方歳三《ひじかたとしぞう》らの率いる旧幕府軍に攻め落とされた。

城の遺構は、市街化の波にのまれてほぼ消滅している。本丸は公園となっているが、近年、本丸西側を中心として土塁や櫓が復元された。ただし、土塁といっても、鉄筋コンクリート造りで内部を空洞としており、違和感はぬぐえない。ただ、折塀《おりべい》が復元されているのが貴重である。山形城（山形市）や徳島《とくしま》城（徳島市）など、折塀の基礎部や舌石《したいし》などは残っているが、実際に塀が見られるのはここだけである。とはいえ、土塁の一部を三角形に突出させ、その上に塀を乗せているのは現代工法だからできることで、かつての姿とは異なると思われる。

さて、復元の根拠になった史料の一つが、宇都宮市教育委員会所蔵の「宇都宮城本丸将軍家御泊ノ節建物ノ図」である。その名が示すとおり、宇都宮城の本丸は、将軍の日光社参の際に宿泊

宇都宮城本丸の復元された折塀

する場所であった。藩主が居住し、政務を行う場所は二の丸であり、本丸は平常時にはほとんど使用されていなかったと思われる。絵図を見ても、御殿以外は空白部分が多い。将軍吉宗《よしむね》の社参以降は、二の丸御殿に新設された御座所《ござしょ》が使用されるようになり、本丸の御殿は取り壊されたとされる。ただ、後世の絵図にも同様な建物が描かれているものがあるため、詳しいことは今後検討すべきだろう。

日光社参の際に将軍の宿泊地とされた城は、古河《こが》城（茨城県古河市）・壬生《みぶ》城（栃木県壬生町）・岩槻《いわつき》城（さいたま市）などがあるが、いずれも同様に、本丸御殿は将軍が使用するものとされていた。古河城の本丸御殿も、未使用状態で長く放置され、後に取り壊されたようだ。

さらに極端なのが忍《おし》城（埼玉県行田市）で、明治になって旧藩士が描いたとされる鳥瞰図《ちょうかんず》を見ると、本丸内は樹木が繁茂していて、使用可能な状態だったとは思えない。徳川家康は、鷹狩《たかがり》のために何度か忍城を訪れている。その際に利用した御殿が本丸にあった可能性があり、それゆえ遠慮して、その後も本丸を使わなかったと考えられる。

近世の城は、戦いよりも政治の拠点としての役割が強くなっている。とはいえ、軍事的な中心部はあくまで本丸であった。たとえ普段利用していなくとも、城の中心であったことは間違いなく、城が戦いのための施設であるということは、忘れられたわけではないのだ。

忍城の場合、天守の代わりとなる御三階櫓は、本丸ではなく、かなり城下に近い場所にあった。水戸城（水戸市）でも、御三階櫓は二の丸にあり、天守や御三階櫓が本丸以外にあった城は全国でも意外に多い。関東地方の場合は、将軍家との関係が根底にある場合が多いが、他の地域でも、それぞれに事情があったはずである。

考えてみれば、戦国期の城でも、普段は平地にいるが、戦いのときに山上の主郭に籠もることが多かった。もともと、戦いのための中心部と、生活・政治のための中心部は別の場所だったと考えるのが普通なのかもしれない。また、記録にないからわからないだけで、戦国期の支城でも、主郭は主君のために空けていて、その城を守る家臣は別の場所にいた可能性もあるのではないか。

（関口和也）

7 関東では珍しい石切場《いしきりば》の痕跡 ――沼田《ぬまた》城の石垣

所在地：群馬県沼田市西倉内町
主な遺構：石垣・堀・土塁
主な城主：真田氏
石　高：三万石

沼田城は、戦国時代に群雄の争奪戦が繰り広げられた。北条氏の支配下にあったとき、北側に位置する真田《さなだ》氏の名胡桃《なぐるみ》城（群馬県みなかみ町）を奪い、小田原合戦のきっかけとなったことで有名である。城はその後、真田氏のものとなり、金箔瓦《きんぱくがわら》を備えた天守がそびえるなど整備されたが、天和元年（一六八一）の改易にともなって破壊された。かなり徹底的に破壊されたことが、近年行われた発掘調査の成果から推測できる。元禄十六年（一七〇三）に本多《ほんだ》氏が藩主となって再興されるが、かつての威容を取り戻すことはなかった。城の南東部、沼田小学校の北側あたりに設けられた藩邸が城の中心部となった。

現在は公園となっているが、表面観察で確認できる遺構は、公園入口の堀と土塁、堀跡とそれにともなう最近発掘された石垣、天守跡付近の土盛り（近代に嵩上げされたことが確認されている）、西櫓台の石垣くらいである。この櫓台の西側と南側に、大ぶりな安山岩《あんざんがん》の割り石を整然と積んだ石垣が築かれていることは、以前から地表面で観察できた。平成になって、櫓台の東側で発掘調査を行ったところ、まったく知られていなかった石垣が出土した。石材は安山岩の転石が用いら

ポンポン石

れ、以前から観察できた部分と比較すると乱雑に積み上げられたものである。現在、この石垣は露出展示されている。なお、公園内に移築されている旧生方《うぶかた》家住宅の裏手には、公園造成時に出土したと思われる石が置かれていて、中には矢穴《やあな》を有するものもある。

これらの石は、阿部秀典氏等の研究によれば沼田城の北東、不動坂・奈良坂近辺から運ばれた。薄根《うすね》川の崖沿いに、矢穴のある石が今でも残っているという。また、関越自動車道沼田ＩＣの西側、鎌倉坂の途中にある「ポンポン石」と呼ばれる石にも矢穴が見られる。付近には石が多いので、このあたりも採石場か、その運搬路だったのだろう。

石垣に用いる石を切り出す場所（石切場《いしきりば》）についての研究は、近年、各地で進展している。例えば金沢《かなざわ》城（金沢市）では、城の東側の戸室山《とむろやま》の麓で石が切り出されていて、分布調査が行われているし、その運搬ルートも解明されている。また、江戸《えど》城（東京都千代田区）は主に西相模や伊豆から切り出した石を、海路を利用して運んでいる。神奈川県小田原市の早川《はやかわ》では、発掘調査も行われている。江戸城では、一部、群馬県伊勢崎市近辺で切り出された石も用いられていた。

近年行われた、織豊期城郭研究会のシンポジウム「織豊期城郭の石切場」の資料は、各所の石切場が集成され、有益である。ところが、関東地方の石切場としては唯一、早川を含む西相模の石切場が挙げられたのみであった。そもそも、関東地方の近世城郭には、あまり石垣が用いられていないし、さらに近代以降に破壊・撤去されたものが多く、石垣、ましてや石切場に関心が向かないのもうなずける。

しかしながら、わずかな現存例や信頼できる絵図などを検討してみると、江戸城・小田原城（小田原市）は別格として、笠間《かさま》（茨城県笠間市）・烏山（栃木県那須烏山市）・黒羽《くろばね》（同大田原市）・前橋《まえばし》（前橋市）の各城には石垣が現存しているし、宇都宮（宇都宮市）・大田原《おおたわら》（栃木県大田原市）・館林《たてばやし》（群馬県館林市）・高崎《たかさき》（同高崎市）・古河（茨城県古河市）・土浦《つちうら》（同土浦市）・忍（埼玉県行田市）といった城でも、信頼できる絵図・文書・古写真等により、石垣があったことが確認できる。これらのうち、小田原城の石垣は小田原市内等で切り出されたし、笠間城の石は城のある山から産出するものと考えられている。しかし、それ以外はあまり明確ではなく、石切場がほぼ特定できる沼田城は貴重といえよう。

石垣とまでいわなくとも、礎石の石等もどこかで切り出され、運ばれてきたことは間違いない。これらがどこで切り出されたのか、どのような方法で城に置かれたのかを考えることも必要と考える。

（関口和也）

8 近世城郭に残る中世城郭の遺構
――岩槻城《いわつき》の障子堀《しょうじぼり》

所在地：さいたま市岩槻区太田
主な遺構：土塁・空堀・城門
主な城主：高力氏・大岡氏
石高：二万石

岩槻城（さいたま市）は、戦国時代に沼地を利用して築かれた。築城者は太田資清《おおたすけきよ》（道真《どうしん》）・持資《もちすけ》（道灌《どうかん》）とされていたが、近年、新しい説が提示されている。戦国時代末期には、北条氏の一族・太田氏房《うじふさ》が城主であったが、豊臣勢に攻められて落城した。近世には、高力氏《こうりき》をはじめとして譜代大名が藩主をつとめ、幕末を迎えた。

本丸を中心とした曲輪群は、現在では宅地化し、一部の遺構を残すだけである。一方、沼を隔てた南側にあった新曲輪・鍛冶《かじ》曲輪は、よく土塁・堀を残し、岩槻城址公園として整備されている。公園内には、二棟の城門も残っている。一度は城外に移築されたものを戻したものだが、ともに城内のどこにあった門なのかははっきりしない。角馬出も二箇所残っているが説明板もなく、一つは藪となっていて、見学しにくいのは残念である。城下には、かつての大構の土塁の一部や時の鐘、藩校・遷喬館《せんきょうかん》なども残っている。

新曲輪東側の堀は、ふるさと散策路となっているが、途中、堀に直交する二つのカマボコ状の物が置かれている。これは、発掘調査によって確認された堀内の障壁の位置を示したもので、堀底は現在の地表より約3メートル下になる。発掘調査では、三基の畝《うね》状の障壁が見つかっていて、底からの高さ約90センチ、幅は上で90センチ、下で150センチ、障壁の間隔は約9メートルであった。

このように、堀の中に障壁を用いた堀を障子堀と呼ぶ。小田原城（神奈川県小田原市）・河村《かわむら》城（同山北町）・山中《やまなか》城（静岡県三島市）・鉢形《はちがた》城（埼玉県寄居町）など、戦国時代の北条氏ゆかりの城で多くみられるが、東北地方をはじめ、他地域でも確認されている。たとえば、豊臣大坂城（大阪市）や、近世城郭では米沢《よねざわ》城（山形県米沢市）・加納《かのう》城（岐阜市）・小倉《こくら》城（北九州市）などである。

用途は、堀底での敵の移動を防ぐ、堀掘削工事の名残り、貯水など諸説あるが、その形態がさまざまであるように、すべての障子堀が同じ目的で築かれたわけではないだろう。最近、小田原城では、障壁に階段が構築されているものも確認されている。山中城・鉢形城など、戦国時代の城では発掘された障壁が再現されているものも

岩槻城の堀内にある障壁表示

あるが、近世城郭のものは埋められたり破壊されたりで、現状では見られるものはない。

岩槻城の新曲輪・鍛冶曲輪は、江戸時代には「御林」として山林化しており、ほとんど使われていなかった。障子堀は、戦国期の北条氏段階のものと思われる。戦国期から引き続き使用された城では、縄張りは比較的以前のものを踏襲するが、土塁や堀は拡張されることが多いようである。岩槻城の新曲輪・鍛冶曲輪の場合、近世の改変があった可能性は完全には否定しきれないが、戦国期の様子を残しているといえよう。他の近世城郭でも、戦国期の遺構がほぼそのまま残った例があるのではないかと思われる。

なお、戦国期の堀には、障壁を設けるものもあれば、堀の隅に竪穴を掘ったりする例もある。底に段差を設けているものもあるし、小金城《こがね》（千葉県松戸市）のように、底が洗濯板のように凸凹になっているものもある。これら戦国期の技法を、近世城郭はどのくらい継承しているのだろうか。また、障壁の多くは、かつては水の中にあり、普段は見えなかったと思われる。そうなると、現存する近世城郭の水堀の底にも障壁が残るものがあるのではないか。確認することはなかなかできないかもしれないが、堀の水を抜いた際にはその痕跡がないかどうか観察してみるのもおもしろいだろう。

（関口和也）

9 注目されはじめた近世城郭の木橋 ——江戸《えど》城の桔橋《はねばし》

所在地：東京都千代田区千代田
主な遺構：石垣・水堀・土塁・櫓
主な城主：徳川氏
石高：幕府直轄

江戸城は、将軍徳川家の居城である。国内屈指の面積を有し、周辺には大名屋敷が甍を並べていた。現在、西の丸は皇居、本丸周辺は皇居東御苑、北の丸は北の丸公園となっている。広大な外郭にはいくつかの見附《みつけ》があり、現在でも石垣が残る場所もある。建造物は、富士見《ふじみ》櫓をはじめ多く残っているが、関東大震災後に復旧されたものがほとんどで、文化財指定されている建造物は、桜田《さくらだ》門・清水《しみず》門・田安《たやす》門にすぎない。

皇居東御苑の入り口の一つとなっているのが、北桔橋《きたはねばし》門である。門に到るには、長大な土橋を渡る。この土橋は、左右の堀の水の高さを調節する役割もあった。土橋は門の手前に段差があるが、ここに桔橋が架かっていた。

桔橋とは、縄や鎖で橋を上げ下ろしできるようにしたもので、現在はコンクリートの固定された橋が架かっている。また、門には縄や鎖を通したと思われる金具が四箇所つけられ、そのうち二箇所には、それらを留めるための金具も付属している。人力だけで橋を上げ下ろしできたとは思えないので、城内側に縄や鎖を留める施設もあったと思われるが、そもそも枡形《ますがた》であった北桔

江戸城の北桔橋門

橋門は、現状では平虎口《ひらこぐち》のようになっていて、痕跡を見出すことはできない。

江戸城本丸では、ほかに西桔橋もあった。こちらは建物は残っていないが、石垣は残っている。ただし、普段は非公開の場所で、一般公開の折などに見学することができる。江戸城の本丸に入る虎口は複数あるが、堀を渡って入るのは、この二つの桔橋のみである。また、いずれも天守台に近いため、他の虎口以上に厳重さが必要だったのだろう。

城に架かる橋では、軍学ではほかに車橋《くるまばし》が紹介されている。これは、車を用いて橋を引くことができるようにしたとされるものである。実際にその通りだったかどうかは不明だが、岩槻城（さいたま市）には、戦国時代に「中城」に車橋があり、位置が同じかどうかはわからないが、近世にも車橋があった。前橋城（前橋市）にも車橋があり、現在でも車橋門の石垣が場所をややずらして残っている。烏山城（栃木県那須烏山市）でも、山上部の入り口の堀切に車橋があり、石垣が残っている。

戦国期よりも技術が発達した近世では、多様な橋を架ける可能性はあったと思われる。だが、その実態は明らかではない。そもそも、近世城郭の木橋で現存しているものはない。頻繁な通行により、破損や老朽化が激しかったことも原因の一つだろう。また、明治以降に軍用地や公共機関として使用された城では、城内に物資を運び入れたりするため、橋を堅牢にしたり、土橋にしたりする必要があったと思われる。一方、公園となった城では、公園にふさわしい優美な橋が必要だったので、架け替えが行われ、元の橋は失われていったと思われる。

近年、高田《たかだ》城（新潟県上越市）の極楽《ごくらく》橋、和歌山城（和歌山市）の廊下橋、福井城（福井市）の御廊下橋などが復元されている。松代《まつしろ》城（長野市）の橋も、発掘調査の成果をもとに復元されている。木造建造物としては、天守や櫓・門に比べてあまり注目されていなかった木橋だが、目を向けられるようになってきたのは幸いである。

一方、廃城後に造られた橋でも、長い年月を経て、その城の風景の一部として定着したと思われるものも多い。江戸城の二重《にじゅう》橋、弘前城（青森県弘前市）の下乗《げじょう》橋《ばし》、高松城（高松市）の鞘《さや》橋などはその代表であろう。廃城後の歴史も城の歴史である。明治以降の橋も、城の役割の変化とあわせて評価していく必要性があろう。

（関口和也）

10 土塁を利用した天守の土台
――小田原《おだわら》城の天守台・土塁

所在地：神奈川県小田原市城内
主な遺構：堀・石垣・土塁・天守台
主な城主：大久保氏
石　高：十一万三一二九石

小田原城は、戦国期に関東に覇を唱えた後北条氏の居城であった。天正十八年（一五九〇）以降は代々、徳川譜代の大名が入城している。

戦国期の小田原城は、堀障子に代表されるように、土造りを基調とした城郭であった。近年、発掘調査で検出された庭園遺構は、切石《きりいし》を多用した特徴的な造りであって注目されるが、縄張りに関わる箇所は土造りで占められていたと考えられる。

これに対して、近世の小田原城は石垣を用いた箇所がかなり多い。本丸・二の丸は周囲を石垣で囲まれた部分で占められている。

本丸の北隅にある天守台は、石垣で築かれている。天守台上には、昭和三十五年に復興された天守が建つ。復興天守は、江戸期の絵図や雛形等を検討したうえで設計されているが、取り壊し前に天守全体を写した古写真がないため、本来の姿にどれだけ近いか不明である。また、最上階には観光用に廻縁《まわりえん》・出入口を設けたために、この部分は明らかに外観が異なっている。さらに、復興天守は天守台の南側に寄せたように建てられているので、天守台上の北側には空き地が生じ

小田原城の天守台（西側から）

ている。天守台の裏手であるうえ、樹木も茂り、さらには立入禁止区域もあるから気づきにくい。裏手に空き地を作って復興天守の規模を縮め、建設費用を節約したのではないかと考えられる。

では、復興天守を支える天守台はどうだろうか。実は、天守台は大正十二年（一九二三）の関東大震災でかなり崩壊している。このとき、城内の石垣はあちこちで崩壊し、歪んだり、変形したりしている。その後、積みなおされた部分が多いが、本丸西側や南側では、崩壊したり歪んだりした石垣を現在も見ることができる。天守台は復興天守の建設に先立ち、ほぼ新規に築かれたものである。ただし、江戸期の絵図に描かれた縄張りを、比較的忠実に再現しているようにみえる。

それはともかく、天守台を観察すると、南側の石垣に比べて北側の石垣がかなり低いことに気づく。天守台は、実は本丸の北側を囲む土塁（土壇）の上に寄りかかるように築かれている。土塁の裾から立ち上げられた石垣に対し、土塁上から立ち上げた石垣が低いのはこのためである。なぜ、このような造りになっているかといえば、天守台が築かれる以前に土塁（土壇）が存在していたためであろう。さらに、土塁を利用すれば石垣普請を省力化できるし、かつ、石垣を安定的に立ち上げることができる。つまり、土塁（土壇）は、石垣による天守台が築かれる時期の遺構を止めている可能性が高い。

同じような造りで、同様に天守台の構築過程が判明する事例として、岡崎城《おかざき》（愛知県岡崎市）、浜松城《はままつ》（静岡県浜松市）、武田氏館《たけだしやかた》（甲府市）等が挙げられる。いずれも、天守台構築以前の縄張りを利用しており、縄張りの変遷過程が地表面観察の範囲で追える。それらの多くは、豊臣期に石垣や天守が築かれている。岡崎城も浜松城も、武田氏館もしかりである。

一方の小田原城はといえば、関東大震災で崩壊する以前の写真を見ると、天守台は整形した石材を積み上げていて、とても豊臣期に遡り得るものであったとは考えられない。同時にそれは、近世初頭に遡るとも思えない。

ここで注目したいのは、小田原城天守台の南側では、二段に分けて石垣が積み上げられている点である。上段の石垣は天守を受けているが、下段の石垣上には何も建たず、通路が延びていた形跡もない。一見すると、その意図するところがわからない。可能性としては、南側の石垣を一気に高く築くことができず、二段に分けて積み上げた。その後、石垣全体が積みなおされたが、二段に分けて積み上げたという造りのみ、踏襲したためと考えることができるのではないか。江戸期の城郭は、現状の変更が原則禁止されていたため、旧態を残しつつ、石垣のみ新しくなった。そのような考え方も十分成り立つ余地があるだろう。

（高田　徹）

11 洋式の築城法は象徴性を求める ――龍岡《たつおか》陣屋の縄張り

所在地：長野県佐久市田口
主な遺構：堀・石垣
主な城主：なし
石高：一万六〇〇〇石

龍岡陣屋は、一般的には龍岡城や桔梗《ききょう》城等と呼ばれることが多い。だが、陣屋があった田野《たの》口《くち》藩主の松平乗謨《まつだいらのりたか》は「城主格」ではなかったから、「龍岡陣屋」や「田野口陣屋」と呼ぶのが妥当だろう。ちなみに、やや位置は移動しているが、曲輪内に残される現存建築を指して「台所櫓」と呼ぶ書籍やウェブサイト等を見かける。しかし、これも正しくはない。櫓ではなく、御殿に付属していた台所にすぎないのである。

陣屋は元治元年（一八六四）から建造がなされ、慶応二年（一八六六）に完成した。陣屋を著名にしているのは、主郭部が星形をした、いわゆる五稜郭として築かれていることで、北海道函館市にある五稜郭をかなり縮小させた規模である。星形の五つの先端部には、十五世紀以降にイタリアで出現した稜堡《りょうほ》を取り入れているため、五稜郭と呼ばれるのである。稜堡とは、城壁の一部を突出させ、大砲等の火器を据えた陣地である。角度をつけて突出させることにより、向かい合う稜堡の壁面に死角をなくし、攻め寄せる敵のせん滅を図っている。もっとも、そこには西洋で築かれた稜堡と齟齬する面もある。

龍岡陣屋の石垣

龍岡陣屋の主郭に類似した縄張りを持つものとして、前記の五稜郭のほか、四《し》稜郭《りょうかく》（北海道函館市）や幕末に築かれた各地の砲台のいくつかが挙げられる。龍岡陣屋の縄張りが、西洋式築城をふまえて築かれているのは間違いない。ただし、「連郭式《れんかくしき》」や「輪郭式《りんかくしき》」等と並列的に「西洋式城郭」として分類するのは妥当ではあるまい。「連郭式」等は、曲輪配置を分類したもので、「西洋式城郭」に対置されるべきは、いわば和式城郭なる呼称となる。曲輪配置の点で分類すれば、龍岡陣屋は星形の主郭外側に外郭が広がっており、梯郭式《ていかくしき》もしくは輪郭式というべきだろう。もとより、「連郭式」云々の分類は、さして大きな意味を持つものではない。ただ、地形に対して、曲輪がどのように配置されているかをわかりやすく表記したものにすぎない。

龍岡陣屋が梯郭式とみなせるのは、雨川《あめかわ》によって形成された東西に延びた扇状《せんじょう》地《ち》のうち、崖面を利用して主郭部を設けているためである。地形上の高低差があるため、南側だけは水堀が巡らされていない。水堀が巡らされていないことをもって、未完成とみる向きがあるが、もともと水堀を造る意図がなかったか、省略したと考えることもできる。高低差を利用しつつ、とりあえずの体裁は保たれているのである。堀の巡らされていない崖下は射撃場となっており、射撃場を曲輪とみなすか否かで、「連郭式」か「輪郭式」の判断は分かれるだろう。

外郭はといえば、ほぼ全体が板塀で囲い込まれており、軍事性はあまり加味されていなかったようである。ただし、虎口周りは石垣で築かれていた。主郭部の北西の外郭には、石垣をともなう食い違い虎口が現存する。外郭は直線的に延びた部分が多く、内側の星形（主郭）と整合する部分はほとんどない。

主郭内部には御殿が設けられ、やや位置を移動して先述の台所が現存する。長方形を基調とする御殿は、星形の塁線と整合しない。そもそも、主郭塁線を西洋風にしても、御殿や門、その他の諸建築はいずれも和風、つまり伝統的な城郭建築を踏襲したものだった。

陣屋を築いた松平乗謨は蘭学や仏語を学び、西洋式城郭に関する知識も深かったとされている。乗謨の強い思いをもとに陣屋は築かれたのだろうが、現実的にはさまざまな面で妥協せざるをえなかった。洋式築城を持ち込もうとしても、それを規制・制約する曲輪構造等が支障となったのだ。具体的には藩主の居住空間としての御殿、家臣団屋敷、町家等である。龍岡陣屋が築かれた場所も扇状地の一角であり、南北に延びた山地からは見下ろされるうえ、砲撃される怖れさえあり、そもそも選地上の問題が大きかったのである。とはいえ、「城」ではなく陣屋であったのだから強固な軍事性よりも、むしろ象徴性や新進性等を強く求めたのかもしれない。

（髙田　徹）

12 堀に囲まれていない珍しい馬出

――高田《たかだ》城の馬出

所在地：新潟県上越市本城町
主な遺構：土塁・水堀
主な城主：松平氏・酒井氏・榊原氏
石　高：十万石（酒井氏時代）

高田城は、北陸の押さえとして、また、佐渡からの金銀の輸送路確保のため重要視され、天下《てんか》普請《ぶしん》によって築かれた。徳川家康の子・松平忠輝《ただてる》が最初の城主で、忠輝の改易後は、譜代の名門が藩主を歴任した。

現在、本丸を中心とする主要部は高田公園となっている。本丸は、周囲を囲む堀がほぼ完全に残っているし、本丸を囲む二の丸の堀も、東側を除いてほぼ残っている。本丸の北半分は学校となっていて、普段は見学できない。本丸の南側には、三重櫓や極楽橋が復興されている。南西にある榊《さかき》神社には、大手門の礎石が残っている。また、あまり知られていないが、外郭の遺構も一部残っていて、南西隅の櫓台・南側の百間堀《ひゃっけんぼり》などを目にすることができる。

大手門の西側、外郭の西側には「お馬出公園」がある。その名のとおり、馬出があったことに由来する。公園はかつての堀跡で、公園西側の駐車場になっている部分は、外側とかなりの高低差があり、堀の痕跡を残している。

馬出とは、一種の橋頭堡《きょうとうほ》で、堀を越えた先に設けられた区画である。敵の侵入の妨げとなるとともに、攻撃の拠点としても利用できる。四角いものは角馬出、円弧を描くものは丸馬出と呼ぶ。四方を堀で囲まれるのが一般的である。外枡形虎口と似ているが、外枡形は主に防御を重視したものである。近世城郭では、完全に曲輪といっていいほどの規模を持つものも造られた。現存するものとしては、弘前城（青森県弘前市）・花巻城（岩手県花巻市）・鶴ヶ《つるが》城（福島県会津若松市）・岩槻城（さいたま市）・松本城（長野県松本市）・名古屋城（名古屋市）・篠山《ささやま》城（兵庫県篠山市）・広島城（広島市）などがある。

高田城の馬出跡

　さて、高田城の馬出は、堀を挟んだ城内側には内枡形虎口があり、両者を木橋がつなぐ。珍しいことに、北側に堀がなく、侍屋敷（江戸後期には預役所）にそのまま隣接している。おそらく、侍屋敷等とは板塀や生垣《いけがき》等により区画されていたと思われる。堀に囲まれていないということで、遮断性や独立性が不安定で、やや防御的には弱いのではないかと思えてしまう。

　ただ、敵が攻めてくるとなると、当然、西側からの道を通って馬出に押し寄せるはずである。北側に堀がないので道から迂回して攻め込もう、と思っても、板塀なり生垣等が当然、障害となる。板塀を乗り越えていくのも大変だし、壊したり、焼き払ったりしたとしても、足元にそれらの残骸が残り、邪魔になる。屋敷が立ち並んでいるから、北側から攻めるのも難しい。そう考えると、堀がなくとも、それなりに防御性は高かったと考えられる。なお、虎口一般を馬出と称していた可能性もある。堀を伴い、馬出と称しているが、役割としては外枡形だったのかもしれない。

普通、城外と城内は、崖や川などの自然地形や、堀によって隔てられるのが一般的である。堀の有無は当然、防御の強弱に影響するし、視覚的に城内・城外を分けるのに有効である。高田城の馬出が、なぜこのような形態をとったのかは不明だが、この形態がすでに正保期の絵図に見られることから、平和が続いたから堀が不要になったというわけではなく、築城当初からこの形態と考えたほうがよい。

徳島城（徳島市）でも、鷲《わし》の門のある区画は堀を巡らさず、形としては馬出の役目を果たしていた。ともに、一般的に考えられる堀の効用を無用と判断したことは間違いない。堀の使い方という観点でも、改めて検討していくべきなのかもしれない。

（関口和也）

13 えぐられた凹みから探る失われた建物構造 ——福井《ふくい》城の決《しゃくり》

所在地：福井県福井市大手三丁目
主な遺構：石垣・堀・天守台
主な城主：松平氏
石　高：三十二万石

「決」とは、凹みができるように、えぐることをいう。また、「決」には「えぐる」の読みもある。建築用語では板決《いたじゃくり》（板材を受ける欠き込みを梁などに設けたもの）、合決《あいじゃくり》（板と板を張り合わせるときに、端部が互い違いになるよう、削ったもの）等もある。

石垣にも、決（欠き込み）はしばしば用いられる。とくに、比較的加工がしやすい石材の場合は、さまざまな位置に、さまざまな形態の決がなされるものである。それらをとおして、失われた建物構造の一端を知ることができるのである。

福井城は、天正三年（一五七五）に柴田勝家《しばたかついえ》によって築かれた北ノ庄《きたのしょう》城の後身である。賤ケ岳《しずがたけ》の合戦後に入城する堀秀治《ほりひではる》によって、再築・改修が進められたと考えられるが、明治まで残されていた縄張りは、慶長六年（一六〇一）から約六年の歳月を費やし、結城秀康《ゆうきひでやす》によって築かれた。

かつて、広大な城域を誇った福井城であるが、今は本丸を囲む石垣や堀を残すのみである。

もっとも、石垣については随所に面白い遺構を残している。福井城の石垣は、近隣の足羽山《あすわやま》から産出される笏谷石《しゃくだにいし》を主に用いている。笏谷石は青みがかかった凝灰岩《ぎょうかいがん》の一種で、加工がしや

福井城の決

すい。そのため、古代では石棺《せっかん》等に、中世には石仏《せきぶつ》等に多用された。そして、織豊期・近世になると石瓦《いしがわら》・塀の腰板や石垣、その他の石材として盛んに切り出された。

福井城の石垣に用いられている笏谷石は、きれいな方形に整形されている。石垣として積み上げる石は、山からの切り出し時、あるいは搬出と前後して整形される。石垣として積み終わった後に表面を削ることはあるが、それはいわば微調整にあたる。

これに対して、「決」は石垣の構築後に、石垣の上部と側面に建物（作事）との接着が密になるよう彫り込まれる。平成三十年に再建される以前の山里口御門《やまざとぐちごもん》跡では、櫓門一階部分（通路に面した部分）の石垣両側面に、縦方向に溝が切られていた。溝は、四ないし五石を貫き、石垣の勾配にあわせるように、奥に向かって傾斜していた。この溝の上方にある天端石《てんばいし》には、方形の彫り込みがなされていた。また、通路を挟んだ左右にある二本の溝と方形の彫り込みは対称の位置にあり、かつ、二本の溝どうしの間隔は左右でほぼ等しい長さとなっていた。

縦方向の溝は、寄掛柱（添柱）をはめ込んでいた痕跡である。寄掛柱は、石垣の傾斜にあわせて斜めに渡され、梁を受けていた。寄掛柱の内側には、親柱と控柱がそれぞれ存在したはずである。なお、山里口御門跡の発掘調査では、すべての礎石が出土したわけではない。残念ながら失われた礎石もあったが、寄掛柱の痕跡を通じて、親柱と控柱の位置の類推は可能となった。

一方、天端石に見られた方形の彫り込みは、梁を差し入れた痕跡である。梁は親柱・控柱・寄掛柱で受けていたが、端部は石垣の彫り込み部分に渡されていた。発掘調査で明らかになった点は多いが、発掘調査が行われる以前にも、門の構造はある程度推測できたのである。

山里口御門の北側には、巨大な天守台がある。巨大な天守台の上部には、一回り小さい天守台と小天守台を独立的に配置しており、他城に例を見ない造りである。巨大な天守台の東側には、土塀がぴったりと接着するよう施された「決」がある。土塀の棟、斜めになった屋根の勾配が彫り込まれた「決」は、まるで土塀があるかのような錯覚に陥るほどである。この他にも、石垣天端上には土台を固定するほぞ穴、土台が石垣になじむように彫り込んだ部分がある。

笏谷石を用いた福井城の場合、石垣の「決」が顕著ながら、他城でも虎口周りや石垣の天端等には、おうおうにして「決」が見られる。このように「決」を通じて、発掘調査を経ずとも失われた作事が類推できるのである。そんな面白さが福井城には存在する。

（髙田　徹）

14 視界を遮《さえぎ》るために築かれた一文字土居《いちもんじどい》——岩手陣屋《いわてじんや》の虎口蔀《しとみ》

所在地：岐阜県不破郡垂井町岩手
主な遺構：石垣・土塁・堀・櫓門
主な城主：竹中氏
石高：六〇〇〇石

岐阜県の西部、垂井町《たるい》にある岩手陣屋は、交代寄合《こうたいよりあい》・竹中《たけなか》氏の居所であった。交代寄合は、大名並みに参勤交代を行う旗本である。石高は低いが、名家としての格式は高かった。竹中氏の場合、六〇〇〇石（後に分知して五〇〇〇石）を領していた。そして、豊臣秀吉の下で活躍した竹中半兵衛《はんべえ》の嫡男重門《しげかど》が、山城である岩手城に替わって築いたのが、陣屋の始まりであるとされる。

岩手陣屋は約100メートル四方の規模で、周囲に堀・土塁を巡らしていた。現在、南側は小学校・幼稚園の敷地となり、改変や破壊部分が多い。一方、北側は子孫宅となっているため非公開であるが、堀・土塁はよく残っている。この陣屋の見どころは、なんといっても東側にある大手門の櫓門である。櫓門は現存建築であるが、内部の改造が顕著なためか、単独で文化財指定を受けていない（陣屋跡が岐阜県指定文化財）。切妻屋根《きりつま》で白壁の外観であり、窓は武者窓《むしゃまど》（連子窓《れんじ》）を設けている。その堂々とした姿は、他の近世城郭に見られる櫓門と比べても、なんらそん色ない規模・構造である。

櫓門の周囲、つまり陣屋の正面付近には、石垣が設けられている。石垣も近代以降の修復をたびたび受けているようで、当初の造りを残す部分はほとんどないとみられる。

ところで、櫓門を潜った正面には、特徴的な遺構が残される。それは、L字形に曲がった短い石塁である。この石塁があるため、①門が開いた状態であっても奥が見通せない、②直進することができず、左右のいずれかへいったん折れなければならない、③②とかぶるが進路が二方向に分化される、ことになる。石塁の高さは1・2メートルほどだから、人の姿を完全に隠すことはできない。

岩手陣屋のかざし（正面奥）

ただし、上部に塀が設けられていたのなら、後方に立つ人の姿は完全に隠れてしまう。また、櫓門の下は自動車が通り抜けられるほど広い。しかし、櫓門を潜ったところには石塁があるため、右か左に曲がって進路をとらなければならなくなる。このような遺構を、一文字土居と呼ぶ。一文字土居は虎口蔀《しとみ》の範ちゅうで、蔀は城内側が城外側から見通されないように設けるものであった。

虎口蔀として一般的なのは、平入虎口の内側に短い土塁を設ける一文字土居や、丸馬出・角馬出の外側から入ってくる土橋正面に設けた一文字土居が挙げられる。枡形を形成する土塁・石塁の一部も、それらに加えることができよう。枡形は、形態・構造面から、一文字土居の発展形とみなすこともできる。

岩手陣屋の場合、石塁であるうえ、逆L字状に折れているが、一文字土居の範囲と考えて問題はあるまい。ちなみに、蔀には他に蔀植物・蔀塀・蔀橋・蔀櫓等がある。枡形を形成する土塁・石塁も虎口蔀の一形態、一発展形とみなすことができる。

江戸期に描かれた岩手陣屋絵図を見ると、一文字土居が逆L字状ではなくL字状になっており、石塁の一部が櫓門側に向いた形状となっている。よく見ると、現状の一文字土居の石垣は、江戸後期以降にしばしば用いられる落とし積みが用いられている。また、絵図の位置では櫓門に寄りすぎている。現状は、絵図の作成後、あるいは近代以降に改修・改変された姿である可能性も考えておくべきだろう。

枡形に近い機能を備えつつ、片側の石塁・土塁を省略したかのような一文字土居は、各地の陣屋や砲台に多く用いられた（五稜郭〈北海道函館市〉、品川台場《しながわだいば》〈東京都港区〉等）。枡形の一辺の塁線を省略できるし、二方向（城内）に兵を分け、一方向（城外）に兵を集中させやすいというメリットもあったからだろう。一方で、破壊・撤去しやすい面もあったから、現存例は限られる。現状の岩手陣屋の一文字土居は、いつ成立したものなのか。特徴的な遺構だけに、その究明が求められる。

（髙田　徹）

15 絵図から探る水堀の深さ
――田原《たはら》城の堀

所在地：愛知県田原市田原町
主な遺構：堀・石垣・土塁
主な城主：戸田氏・三宅氏
石　高：一万二〇〇〇石

愛知県の南部、渥美《あつみ》半島を所領としていた田原藩の居城が田原城である。江戸期には、戸田《とだ》氏三代の後、三宅《みやけ》氏十二代の居城として存続した。もともと大きな城ではなかったが、今はわずかに、本丸と二の丸の堀・石垣・土塁、惣門の石垣等を残す程度である。

本丸と二の丸を分ける堀は空堀だが、二の丸の外側にある堀は水堀である。土橋をはさんで西側の堀は「桝池」、東側の堀は「袖池」とも呼ばれ、周囲を石垣で囲んだ水堀となっている。なお、袖池の東端は、石垣をともなう堤によって水を溜めている。

袖池も桝池も、普段は濁っていて堀底が見えず、どれくらいの深さなのかは、皆目不明である。これは他の近世城郭でも同じことで、水堀の深さはなかなか知りえない。

もっとも、田原城を描いた『正保城絵図』では、水堀の深さが記されている。それによれば、桝池は「深サ三尺」で、袖池は「深サ四尺五寸」とある。つまり、桝池はおよそ90センチ、袖池は1.5メートルの深さであるという。ここで注意すべきは、「深サ」と書かれているのが水深なのか、城内側から堀底までの深さなのか、それとも城外側から堀底までの深さなのかという点で

田原城の水堀（袖池）

ある。単純に、深さ＝水深とは言い切れないのである。

だが、田原城に関しては、水深を示していると考えて間違いない。城内側では水面までの高さ（≒深さ）が約4メートル、同様に城外側では約2メートルの高さがある。水深を加えれば、さらに高さは増すのは間違いないから、『正保城絵図』は水深を記していると判断できるのである。ちなみに、桝池の本丸側の石垣に「高サ四間半」とあるのは、水面からの高さなのか、堀底からの高さなのかがわかりにくい。現状をふまえれば、おそらく後者だと思われる。

現存しないが、本丸北側の水堀の深さは3尺、同じく東側の堀は4尺5寸、もしくは4尺、西側の堀は5尺、その西側の堀は1尺と記されている。最も深いところでも5尺（≒1・5メートル）であり、意外に浅い。当時は、日本人の身長が今ほど高くなかっただろうが、それでもなんとか足がつく程度である。1尺（≒30センチ）ならば、水が多少濁っていても、底が見えてしまっていただろう。

田原城の堀は、概して浅かった。これに対して、近隣の刈谷《かりや》城（愛知県刈谷市）の水堀は、『正保城絵図』によると5尺～1丈5尺の深さで、1・5メートル～4・5メートルとかなり深い。つまり、田原城のように浅い水堀もあったが、刈谷城のような深い水堀もあった。ただし、水堀は沈殿物が生じやすく、時々浚渫《しゅんせつ》しなければ、水深が浅くなってしまう。浚渫時に底部が削られてしまうこともあっただろうし、近年の発掘調査で検出される堀障子を底部に有していた場合、地点ごとに水深も勢い変化する。江戸期と水堀が変化している場合もあるだろう。

ところで、水堀を設ける理由は何だろうか。殺傷能力でいえば、水堀に比べて空堀に飛び込んだときのほうが怪我をするリスクが高い。打ち所が悪ければ、死に至るだろう。それに対して水堀ならば、飛び込み方を誤らなければ、ケガもしないと思われる。

では、防御性を重視する城郭において、空堀ではなく水堀を採用する場合が多い理由は何だろうか。これは、水堀にはさまざまなメリットがあるためで、なかでも、水に濡れることを忌避させるという点が大きかったのではないか。水に濡れれば体は重くなるし、足元もおぼつかない。深ければ泳ぐこともできるが、中途半端に浅いと、歩くのにも泳ぐのにも難儀すると予測される（水堀をあえて深くする理由は、さしあたって見出しにくい）。人（動物全般？）はそもそも入浴時や水泳しようとする場合等を除いては、体を濡らすことを忌避するものではないだろうか。敵の動きを遅延させ、戦闘意欲をいくらか削ぐ。それが水堀の大きな採用理由だったのではないかと思われる。浅く、あまり軍事性の感じられない田原城の堀でも、相応に役割を果たしていたのではないか。

（高田　徹）

16 創作された築城伝承には要注意
――名古屋《なごや》城の清正石《きよまさいし》

所在地：愛知県名古屋市中区本丸
主な遺構：堀・土塁・石垣・天守台
主な城主：徳川氏
石　高：六十一万九五〇〇石

名古屋城は、慶長十五年（一六一〇）に徳川家康によって築城された。以来、尾張徳川家の居城として、明治初頭まで存続した。天守・御殿は昭和二十年の空襲で全焼してしまったが、本丸西南櫓・同東南櫓・表二の門・御深井丸《おふけまる》西北櫓等は現存している。その他、現在、木造での建替えが計画されている鉄筋コンクリートの再建天守、平成三十年に復元が完成した本丸御殿、整備が進む名勝二の丸庭園等、城内の見どころは多い。

本丸東一の門・同二の門の枡形にある「清正石」も、見どころの一つであるといえよう。清正石は、名古屋築城時に加藤清正が運び込んだという巨石で、城内では他の追従を許さないほどの大きさを誇る。

もっとも、名古屋城に関しては、絵図や史料を通じて各部分（丁場《ちょうば》）の石垣を構築した担当大名が特定でき、清正石のあるあたりは、実は福岡藩主であった黒田長政《くろだながまさ》の丁場であった。清正の丁場は、本丸の南西隅にある天守台で、今も清正家臣の名前を刻した隅石《すみいし》が残っている。大名間で石を融通し合うことがなかったとはいえないが、こうした巨石を運ぶこと自体、大名にとっては名誉であり、徳川家に対する忠誠につながったはずである。みすみす他の大名の丁場に回すようなことは、なかったのではないか。仮に回すようならば、天守台の隅石のように、家臣名を刻すような処置をしたのではないか。

名古屋城のウェブサイトでは、清正石について「天守閣の石塁の構築を命じられた加藤清正は、巨石の運搬に際し、自ら音頭をとって、木遣《きやり》を歌わせ民衆の老若を問わず綱をとって運んだと伝えられていますが、この石垣の施工大名は黒田長政なので単なる説話と思われます」と、否定的に記している。

では、この単なる説話はいつ頃から唱えられるようになったのか。結論を急げば、筆者は近代以降、おそらく昭和初期ではないかと考えている。少なくとも、江戸期に遡るものではない。その根拠は、『金城温故録《きんじょうおんころく》』では、巨石と清正の関係について何ら触れるところがないからである。

『金城温故録』は、尾張藩士であった奥村得義《かつよし》が、名古屋城の歴史や城内の石垣・建築・庭園その他諸々について詳細に記した書物である。同書では、本丸東一の門・同二の門の枡形にあった巨石を「御城内無双大石」と呼ぶ。巨石を詳細

名古屋城の清正石

に計測した図も掲載するが、清正石なる呼称は用いられていない。『金城温故録』は文政年間に編集が進められ、中断期間を経て、最終的には明治三十五年（一九〇二）に完成する。このときまでに清正石の呼称や清正が運んだ伝承・説話が残っていれば、盛り込まれていてしかるべきである。

ちなみに、宮内省が管理していた旧名古屋離宮《りきゅう》（名古屋城本丸・西の丸等）は、昭和五年に名古屋市に下賜された。名古屋市は翌六年から、旧名古屋離宮を一般公開するようになった。現段階では想像に止まるが、一般公開に先立ち、城内の歴史的名所を創出する必要が出てきた状況下で、「清正石」なる呼称・伝承が出現したのではないだろうか。

似たような例は、他城でもある。熊本城（熊本市）本丸には、築城時に人夫を装った横手五郎《よこてごろう》が運んだという「首掛石《くびかけいし》」があるが、実は、本丸御殿近くに置かれていた手水鉢の台石であったという。また、姫路城（兵庫県姫路市）には、羽柴秀吉の築城時に、築城用に差し出したという石臼が「姥ヶ石《うばがいし》」と呼ばれている。姥ヶ石伝承は江戸期に遡るものではなく、大正期頃に創作された可能性が高い。同じく上山里曲輪にある「お菊井戸」の呼称・伝承も近代になってから唱えられるようになった。

このように、城郭に伝わる伝承・説話は、意外に歴史の浅いもの、近時の創作もあるので注意が必要である。

（髙田　徹）

17 簡略に造られた水堀の低い石垣
――桑名《くわな》城の水たたき

所在地：三重県桑名市吉之丸
主な遺構：堀・石垣
主な城主：本多氏・松平氏
石　高：十一万石

一般的に、近世城郭では曲輪間を分ける堀をはさんで、防御面を中心とした格差がつけられる。城外側に対して、城内側は高くなる傾向にある。地形上の格差がなければ、人工的に城内側に土塁や堀を設けて、高くなるよう処置するものである。これら土塁や石垣上には、櫓や土塀が設けられる場合が大半であることは、改めて説明するまでもないだろう。

これに対して、堀の対岸となる城外側は、低い石垣や法面となり、上部に櫓や土塀が設けられることがない、何も設けないというのが普通である。

城内側に対して、城外側の造りがなぜ簡素・簡略であるかといえば、戦闘時に攻め寄せた敵の身を隠す盾になりかねないからである。堀の対岸に塀が存在すれば、城外側からの反撃が困難となる。有効な攻撃ができなくなるから、あらかじめ障害物のない道や広場としておくことが望ましいのである。

桑名城を描いた『正保城絵図』でも、ほぼ上記の原則通りに、低い石を積み上げた石垣の様子を描いている。堀の対岸に土塀や蔵が建つところもあるが、城域全体からみればごく一部にすぎ

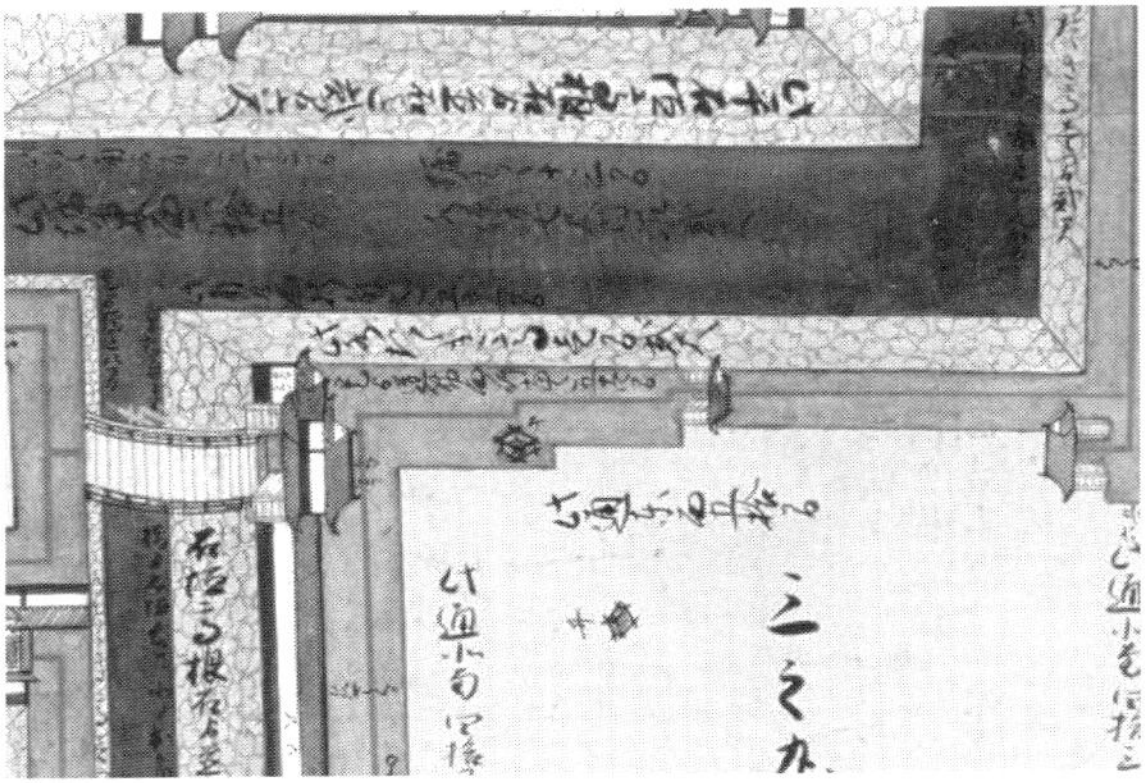

『正保城絵図』に描かれた桑名城の水たたき　国立公文書館蔵

ない。

　ところで、水堀の城外側にある低い石垣を、「水たたき」「水敲」「水敲石垣」などと呼ぶ。桑名城を描いた『正保城絵図』でも、本丸北側の水堀対岸の石垣（三の丸側）に、「此水た丶き高さ壱間二尺」と記されている。同図では、堀対岸の石垣に、数値は違えど同様の記述が合計一〇ヶ所にわたって見られる。堀対岸であっても石垣がない場所は、緑色に着色した「うら土手」として区別している。

　『正保城絵図』中で、「水たたき」「水敲」の記述が見られるのは飯山《いいやま》城（長野県飯山市）、大垣《おおがき》城（岐阜県大垣市）、福山《ふくやま》城（広島県福山市）、大洲《おおず》城（愛媛県大洲市）、小倉城（北九州市）、臼杵《うすき》城（大分県臼杵市）、八代《やつしろ》城（熊本県八代市）である。記述は見られなくても、大半の城郭では堀対岸に低い石垣の描写が見られ、それらが「水たたき」に相当するのはいうまでもない。府内《ふない》城（大分市）の絵図で、「つきあけ石垣」と記されているものも、形態的にいえば、「水たたき」に他ならないであろう。

なぜ、「水たたき」と呼ばれたかはわからないが、水堀の端部を固めるといった意味で用いられたのではないだろうか。水たたきは、城内側からは目につくが、城外側からは目に入りにくい位置にある。そのためなのだろう、概して小ぶりな石を中心に、比較的乱雑に積まれている場合が多い。城内側の腰巻石垣《こしまき》、あるいは空堀の城外側に設けられた石垣も、構造的には「水たたき」と変わりはない。それらも「水たたき」と呼ぶ用例があるかどうかは未確認である。

『正保城絵図』では確認できないが、名古屋城（名古屋市）等では、堀対岸の「水たたき」の上部に極めて低い土手を造り、塵芥が堀に落ちないように処置している場合があった（名古屋城ではこれを「玉縁《たまぶち》」と呼んでいた）。また、姫路城（兵庫県姫路市）では「駒除《こまよけ》」と呼ばれる柵が設けられていた。いずれも簡素なもので、城内側から城外側に向かって攻撃をする際に支障となるほどではなかった。

さて、桑名城は明治になって建物が解体され、石垣に用いられていた石も多くが持ち去られてしまっている。九華《きゅうか》公園の池が水堀の面影を伝えているが、往時の堀とは位置を違えている箇所も含まれる。池のすべてが水堀遺構なのではない。

なお注意深く観察すると、曲輪端部の水際には石垣の残欠も認められる。水たたきといえそうな石垣残欠は見当たらないが、今も水中や地中に痕跡を止めている可能性は十分ある。（高田　徹）

18 なぜわざわざ山城に水堀を造ったのか
──高取《たかとり》城の水堀

所在地：奈良県高市郡高取町高取
主な遺構：堀・土塁・石垣・天守台
主な城主：本多氏・植村氏
石　高：二万五〇〇〇石

高取城は、日本三大山城の一つに数えられる。標高約584メートルの高取山頂に本丸を構え、周囲の山上には曲輪や家臣屋敷地等が広がる。近世城郭の山城としては、最大規模を誇っている。さらに、山麓からの高さ（比高）は約280メートルもあり、備中松山城《びっちゅうまつやま》（岡山県高梁市）の約350メートルに及ばないものの、それに次ぐ高さを誇っている。

山上には、中世～織豊期に築かれた堀切を、近世段階でも改修して使用している状況が確認できる。堀切の端部は石垣で固められ、木橋が架けられた部分が多かったようである。

こうしたなかで、大手道の途中、二の門跡（門は高取町子嶋寺《こじまでら》に移築・現存）前方には水堀がある。山城に水堀があるのは珍しい。この水堀は、二の門前に架かる橋とその基壇によって西側端部を、堤によって東側端部をそれぞれ囲いこんでいる。つまり、自然に水が溜まっているのではなく、雨水や周囲から流れ込む水を意図的に溜めている。底部には、水が浸み込まぬよう、粘土を貼ったり、土を固める等の処置がなされているのではないかと思われる。

ちなみに、高取城内の様子を詳細に記した『高取御城規《たかとりおじょうき》』では、水堀を「池」と呼ぶ。たしかに堀というよりも、池という感じがしないでもない。

では、なぜ高取城のような山城に、こうした遺構が存在するのか。飲用水確保との見解を聞くこともあるが、よどんだ水は、とても飲用にはならないだろう。そもそも、城内には飲用の井戸があちこちに存在している。本丸南側の谷筋には、「七ツ井戸」と呼ばれる井戸が存在するし、本丸北側の谷筋にも大井戸があり、飲用水には事欠かない。飲用水が確保できたからこそ、比高の高い山上に城郭が維持できたのである。

高取城の水堀

一般的に、井戸といえば飲用水をイメージしてしまうが、井戸水は多様な用いられ方をしていた。例えば、徳川期大坂城（大阪市中央区）本丸北側の水堀には、井戸屋形が突き出すように設けられていた（今も、水が澄んだときには堀中に井戸屋形の柱が見える）。清掃時に堀の水を汲んで、散水する等に用いるために設けた井戸である。ほかの城でも散水専用の水堀や井戸があった可能性は高いだろう。もっとも、散水するためだけならば、水堀（池）を構築するまでもない。もっと小規模な池で十分であったはずである。

考えられる理由の一つとして、境界を視覚的に明らかにし、見栄えを整えることが挙げられる。繰り返すが、この位置は大手道の途中である。そして、水堀に隣接する二の門は、山上の城郭における実質的な大手門であった。二の門より奥は「城内」とも呼ばれ、実質的な城郭の範囲に相当する。絵図の中には、二の門よりも内側だけを描いたものも存在する。水堀をはさんだ二の門外側にも曲輪群が広がるが、幕藩体制下では公的に、あるいは狭義においてそちらは城外にあたったのである。「城内」と城外の境界を示すものとして、水堀（池）が設けられたと考えるべきではないだろうか。

山城の一角に水堀を設ける事例を探すと、高取城以外にはすぐに思い浮かばない。しかし、城郭の正面のみに堀や石垣を設ける事例、大手道や大手口の一部のみに水堀を設ける事例は、いくつか挙げられる。例えば、綾部《あやべ》陣屋（京都府綾部市）では、主郭部周囲のみにコの字型に水堀を巡らしていた。こうしたタイプは、陣屋には比較的多く見られる。

一方、名古屋城（名古屋市）二の丸の南側と三の丸南東側の空堀では、明治になって水が抜かれるまで、水堀となっていた。付近は地形的に台地上であり、自然には水が溜まりにくい場所だから、人為的に水を溜めていたと思われる。これに対して、同じ台地上に位置する本丸周囲や二の丸北東部、西の丸南側、三の丸南側は空堀である。名古屋城では、城主の居所が置かれていたのは二の丸であった。そこで、二の丸に至る主要動線（大手道周り）は、見栄えを意識して水堀としたのではあるまいか。

（髙田　徹）

19 外郭《そとぐるわ》から読み解く城の成立事情
——郡山《こおりやま》城の外郭

所在地：奈良県大和郡山市城内町
主な遺構：土塁・石垣・天守台
主な城主：本多氏・柳沢氏
石高：十五万一二八八石

郡山城は、大和一国の拠点として、天正八年（一五八〇）頃から筒井順慶《つついじゅんけい》によって築かれた。同十三年には豊臣秀長《とよとみひでなが》の居城となり、大規模な改修を受けたとみられる。そして、天正二十年に増田長盛《ましたながもり》が入城し、このときに外郭（総構《そうがまえ》）が構築されたと伝わる。江戸期には松平・本多《ほんだ》氏の入城を経て、享保九年（一七二四）以降は柳沢《やなぎさわ》氏六代の居城となって、明治を迎えている。

城の主要部（本丸・二の丸等）と多くの家臣屋敷地は、奈良市西部に広がる西ノ京《にしのきょう》丘陵の南端近くに構えられている。これに対して、町屋が広がる城下町は、主要部の東側、西ノ京丘陵を下った平地部に広がっていた。城郭主要部と城下町との比高差は20メートル前後であるが、地形上有利な位置に、かつ、町屋側から仰ぎ見る位置に城郭が設定されていたことになる。

外郭は、丘陵上の城郭主要部・家臣屋敷地に加え、丘陵下の町家をぐるりと取り囲んでいた。総延長約4キロに及ぶ外郭の堀は、明治以降の土地開発・都市化によって幅を狭められ、あるいはまったく跡形ないまでに埋められてしまった部分が少なくない。それでも、町家を囲んでいた外郭の堀は、何ヶ所かで水路や用水池となって残されている。

郡山城の堀跡の池（左手）

あるいは、道路となって堀としての広がりを伝えている部分もある。外郭の東北部付近の堀は、護岸がコンクリートで固められているものの、比較的旧状を伝えている。ただし、土塁はほとんど残らず、寺院・神社境内の背後に、わずかに痕跡を止める程度である。丘陵上に広がっていた外郭の土塁も、ほとんど崩されてしまっているが、近鉄線路脇に残る土塁は幅約10メートル、高さ約4メートルの規模を誇る。破壊された他の部分も、同程度の規模だったのだろう。前述したが堀も埋められてしまって宅地等となり、跡地を追うのも難しいほどである。そのなかにあって、点々と残る堀がある。溜池として残された堀跡であり、金魚の養殖池となっていたところもある。

これらの池は、『正保城絵図』でも現状とほぼ同様の姿に描かれている。前後の水堀に比べると、形態がいびつで、極端に幅が広くなっている。溜池は、外郭が築かれる以前から存在していたと考えられる。つまり、外郭のラインは既存の溜池を水堀として転化しつつ、それらをつなぐかたちで線引きがなされたと考えられる。先行地形を利用したともいえるが、見方を変えれば、先行地形に規制を受けたと捉えることもできよう。

先述のように、本丸以下の曲輪に対して、外郭は増田期になって築かれたといわれている。すると、既存の家臣屋敷や町家の広がりも、外郭のラインを設定するうえで影響・規制を与えたと考えられる。外郭の築造に際して、一部ならばともかく、大々的に家臣屋敷地や町家が移動させられる状況は考えにくい。すると、町家の広がりに対応させるように、外郭の広がり・形態を設定する面もあったと思われる。ちなみに、外郭のうち、町屋が面していた東方の水堀は、秋篠川《あきしの》の旧流路を利用したと考えられている。外郭の築造時、秋篠川の流路を東方に移動させているようだ。外郭が築かれる以前は、秋篠川の旧流路内に収まるかたちで町家が広がっており、旧流路をそのまま水堀として転用するほうが手っ取り早かったとみられる。

もう一つ、外郭の形態に影響を与えたとみられるのは、道である。道は付け替えたり、多少向きを整えたりされるものだが、すべてが新規に築かれることはまずない。既存の道を取り込み、利用しようとすれば、外郭に設ける虎口の位置もおよそ固定化してくる。

どこの城でも、外郭は堀・土塁によって広範囲を囲い込む傾向が強い。堀・土塁をまっすぐに伸ばそうとしたり、横矢掛《よこやが》かりを意図して折れを造ろうとしても、広範囲であればあるほど先行地形・地割の影響を受けやすく、時に規制されてしまう。外郭の折れやゆがみ等は、軍事的な意味合いを有する場合もあるが、必ずしもそうとばかりとはいえない。外郭が設けられる位置や形態・細部構造を読み解くことで、成立事情や背景を読み取ることも可能となる。

（髙田　徹）

20 石垣を守る縁の下の力持ち
——高槻《たかつき》城の胴木《どうき》

所在地：大阪府高槻市城内町
主な遺構：堀跡
主な城主：永井氏
石　高：三万六〇〇〇石

「胴木」とは、『日本国語大辞典』（小学館）によれば、①太い木材、丸太。②城壁の上に備えておいて攻めてくる敵の上に落とす丸太。どうづき。③石垣の根石《ねいし》の下に基礎として用いる丸太。の意味がある（④は省略）。

ここで取り上げる胴木は、③に該当する。「石垣の根石の下」とあるように、城郭の石垣に限って用いられたものではない。また、丸太を用いる場合もあるが、角材も多用されている。地盤が不安定だったり軟弱な場所に石垣を築くと、石の重みで沈下が進行しやすくなる。沈下が進めば、石垣は緩み、全体の崩落につながる。そこで、根石の下に胴木を敷き、石垣が不等沈下することを防ぐのである。胴木をともなう石垣が水堀に面していれば、胴木は常に水中に浸かった状態に近くなるから、腐りにくくなり、長持ちするというわけである。

昭和五十・五十一年に旧高槻城本丸跡で行われた発掘調査では、石垣の基底部が出土した。石垣上部は、明治の廃城後に撤去されていたが、基底部付近は良好に遺構を残していたのである。この石垣を築くにあたっては、石垣を築く範囲を掘削し（掘り方）、ぬかるんだ地面での作業を

実物大に再現された胴木と石垣　高槻市しろあと歴史館蔵

進めやすくするため、松葉や松かさ（松ぼっくり）が敷き詰められた。次に、掘り方の掘側先端近くに「脇胴木」を並べ、その上に直行する形で「刎木《はねぎ》」を置く。これらの間に栗石《くりいし》を充填した後、「脇胴木」の内側に並行するかたちで、二列にわたって「胴木」を連ねる。胴木は複数の木材を継ぎ、さらに杭で固定された。前後に動かぬよう杭で固定し、さらに胴木の上部は水平になるよう調整されていた。そして、胴木の上には根石が据えられ、根石の上には石垣が積まれ、あわせて裏込石の充填等が行われていく。

高槻城のように、二本の胴木が並べられたものは珍しく、調査者によって「梯子胴木《はしごどうき》」と命名されている（森田一九八四）。胴木と胴木の継ぎ目は入念に加工され、対応する印《しる》し（合印《あいじるし》）が施されていた。これは掘り方に据えるのに先立ち、仮組みがなされていた状況を示すと考えられている。石垣は、完成後に多くの視線を浴びるわけだが、根石・胴木は修理・破壊が及ぶ機会でもない限り、姿を現わさない。それでも念入りに、精緻に築かれ、石垣本体を支え続けたのであり、まさに縁の下の力持ち的な存在であった。

城郭によっては、胴木の数や形態、構造に違いが見られる。

何らかの建築に用いた柱等を、胴木に転用する場合もある。

胴木は、水堀や湿地といった、地盤の緩く、水が浸かる場所で用いられることが圧倒的に多い。ただし、そのような場所であっても、胴木を用いない場合はあるし、一つの城でも、使われる場所とそうではない場所が混在することもある。いささか意外な感もするが、山城の石垣でも用いられる場合がある。日本三大山城として名高い高取城（奈良県高取町）の本丸北東隅では、昭和四十九年に行われた石垣修理時に胴木が出土している。石垣の面に対して丸太材の刎木をほぼ直角に並べ、その上部に角材の胴木をほぼ平行させて敷設していた。石垣修理時に発見されたのは、胴木本来の機能がすでに失われ、石垣にゆるみが生じていたためであった。それでも、石垣を崩壊させるまでには至っていなかったし、胴木自体も調査時点まで残されていたわけである。

高取城の胴木が敷かれた時期は定かではないが、少なくとも一〇〇年は経過しているとみられる。一〇〇年ももったのならば、胴木としての役割は十分に果たしたと言える。今後、ほかの山城の石垣や平地部の水堀をともなわない石垣直下でも、胴木が見つかる可能性は十分にある。

高槻城の胴木は、四〇〇年以上にわたって残されてきた。発掘調査で出土した胴木は、調査後に取り上げられ、保存処置が講じられている。関連する遺構の多くは失われてしまったが、旧城内に所在する高槻市しろあと歴史館のフロアには、高槻城の石垣や胴木を実物大で再現した模型が展示されている。胴木と石垣の関係がとてもわかりやすく、一見の価値がある。（高田　徹）

21

丸馬出状に築かれた特殊な砲台《ほうだい》

――大坂《おおさか》城の砲台

所在地：大阪府大阪市中央区大阪城
主な遺構：堀・石垣・天守台・櫓・門・蔵
主な城主：幕府直轄
石　高：幕府直轄

現在の大坂城は、大坂夏の陣後に徳川将軍家の命を受けた天下普請によって完成をみたものである。元和六年（一六二〇）から寛永六年（一六二九）にかけて、都合三期にわたる大普請の末、完成した。以後は、大坂城代《じょうだい》を筆頭に、大坂定番《じょうばん》・大坂加番《かばん》に任命された譜代大名によって維持・管理がなされた。

大坂城は、二条《にじょう》城（京都市）・駿府《すんぷ》城（静岡市）とともに徳川将軍家の城であり、いわば江戸城の支城にあたる。もっとも、大坂城に入城した将軍はといえば、三代家光《いえみつ》、十四代家茂《いえもち》、そして十五代慶喜《よしのぶ》の三人に限られる。つまり完成直後の時期と、幕末の動乱期のみ将軍は入城しているのである。幕末の将軍入城時には、長州征伐《ちょうしゅうせいばつ》や戊辰戦争《ぼしんせんそう》が起こっており、政情的に不安定な時期であった。また、大坂近海には外国船も出没しており、内憂外患せざるをえない情勢にあった。

慶喜が在城していた元治元年（一八六四）には、大坂城の防衛を強化するため、西側の大手門・北西側の京橋《きょうばし》門・南東側の玉造《たまつくり》門のそれぞれ土橋対岸に砲台が築かれている。砲台といっても、その形態は丸馬出とほとんど変わりがなかった。円弧を描く土塁を築き、外側には堀を巡らして

『浪花百景』に描かれた京橋門前の砲台

いた。虎口は円弧を描いた土塁の両端にあり、それぞれ冠木門が設けられていた。冠木門前の土橋脇には木柵が設けられ、土橋の側面には石垣が積まれていたようである。通路は両端の土橋で二方向に分かれており（あるいは集約し）、前面に円弧を描く塁線で守備する形態・構造は、まさに丸馬出に等しい。

もっとも、砲台ならではの特徴も備えていた。一つは、土塁上に大砲が据えられていたことが挙げられる。大砲を据えるためには、土塁の上部は相応の広さが必要になる。土塁の正確な高さは不明だが、6メートル前後はあったようだ。

また、堀の外側には低い土塁が存在した。これは「斜堤《しゃてい》」と呼ばれるもので、土塁本体に城外からの砲弾が直接被弾することを防ぎ、土塁本体から外側へ見通しを効かせる役割等を持っていた。砲台の概要が知られるのは、以下の資料が存在するからである。

砲台の位置と平面形態は、小野清『大坂城誌』所収図によっておよそ把握できる。慶応元年（一八六五）から翌年にかけての間に撮影された京橋門付近の湿板《しっぱん》写真には、砲台の土塁・堀・柵・

冠木等が写っている。また、フランスが幕府陸軍に派遣した軍事顧問団副団長のニュール・ブリュネは、慶応元年に大坂城内外でスケッチを行っている。ブリュネといえば、箱館戦争にも参加し、映画『ラストサムライ』のモデルとなったことでも知られている。ブリュネのスケッチ描写は、精緻かつ正確であり、写真にも引けを取らないほどである。砲台に関するスケッチも二枚残され、一枚は大手門前の砲台遠景、もう一枚には大手門前の砲台の斜堤付近を描いている。この他、幕末に発行された錦絵《にしきえ》『浪花《なにわ》百景《ひゃっけい》』には、京橋門前の砲台が描かれている。

これらの砲台は、明治になっていち早く撤去された。丸馬出でも角馬出でも、通路を執拗に折り曲げて直進を阻むことが多い。敵の侵入を防ぐうえでは効果的だが、平時にあっては煩わしさがつきまとう。そのため他の城郭でも、外郭部に設けられた馬出はたいてい早くに撤去されてしまっている。ちなみに、大坂城の砲台では土橋に石垣が用いられていたが、ほとんどは土造りだったので、一層撤去しやすかったはずである。

砲台（＝台場）といえば、海岸に設けられた海防台場をイメージしがちである。もっとも、丸馬出のような大坂城の砲台はかなり特殊だったが、内陸部の城郭でも必要に応じて大砲や近代兵器が配備されることがあった。縄張りを改修したものもあれば、既存の縄張りの範囲で対応した場合もあったであろう。それぞれの掘り起こしは、今後の課題である。なお、慶応三年に完成した前橋城（前橋市）では、主要な櫓台上に大砲が据えられていた模様である。

（髙田　徹）

22 時間をかけて堅固に造られた天守台
——姫路《ひめじ》城の天守台

所在地：兵庫県姫路市本町
主な遺構：天守・櫓・門・石垣等
主な城主：池田氏・榊原氏・酒井氏
石　高：五十二万石

江戸時代初め、天守に象徴される大規模な城郭建築が隆盛した。これまでにも寺院などに大規模な建築は存在したが、それらと城郭が異なるのは、とくに短期間で築き上げる必要があったという点であろう。姫路城の天守は、まさにその時期を代表する大規模城郭建築といっても異論はなかろう。

姫路城は、慶長六年（一六〇一）から池田輝政《いけだてるまさ》によって築城が開始され、主要部の築造に約十年かかった。天守曲輪についてみると、天守台の石垣は工事に約八年かかり、天守は二年足らずで完成したといわれている。石垣と建物の工事にかかる時間を単純に比較するのは危険だが、天守がこのように比較的短い時間で築かれたのは、輝政が播磨一国を治める新たな領主として、その存在感を示威する必要があったからとみられる。そこには、当時、豊臣氏の大坂城包囲網の一翼を、池田家の姫路城に担わせようとする戦略的意図があったとも考えられる。一方で、築城が民衆の労働力を投入してはじめて実現される公共事業でもあることを考慮すれば、築城にかかる経済的コストの問題は無視できなかったはずである。

姫路城における築城工事と労働力に関わる史料はほんのわずかだが、ほぼ同時期に天守が建てられた高知城《こうち》（高知市）の例から類推すれば、工期が長くなる分、労働者への手当ては増え、コスト増となるのは明らかであろう。つまり、戦略的な面だけではなく、財政面からも工事を迅速に進めることが不可欠であった。

一階東側土台の圧縮・軸部の腐朽

こうした問題はおそらく、当時の築城工事では普遍的なものだったのだろう。では、その問題はどのように解決されようとしたのか。

戦国末期から近世初頭にかけて、城郭における天守建築は、権威を見せつけるための象徴的なモニュメントと化すようになった。建物の巨大化（高層化）や黒と金のコントラスト、あるいは白漆喰総塗込めは、轍を一にする。天守台の採用も、建物の高層化に関わるものと評価できる。

天守台の上に天守を築くには、堅固な石垣の構築が不可欠で、堅固でないと、重量のある建築を建てることが不可能である。また、その建物が高層建築であれば、天守台の平面が矩形《くけい》になっていることが必要である。ところが、石垣はさまざまな大きさや形の石を積み上げて造るため、平面を正確な矩形に完成させることはもとより、天端が水平になるように積むのも難しいことが指摘されている。

だが、石垣の出来具合によって、柱位置と礎石の配置がうまく合うとは限らない。つまり、このまま柱を建てると桁《けた》の穴がずれ、いびつな平面形の建物を高層にするのは困難であるため、何らかの工夫が必要である。そこで、天端上に土台という横木を敷き、姫路城では大重量がかかるため、硬い栗の木（鉄道の枕木《まくらぎ》に使われた木）が用いられた。土台を採用することで柱位置を等間隔で決めることができ、石垣の形状に影響されることなく、柱が建てられる利点があった。また、設計に合わせて柱などの部材を規格化することが容易であった。しかし、土台は一度敷設すると交換が不可能な部位なので、「姫路城昭和の大修理」で明らかなように、腐朽すると修理が難しいという欠点があった。

部材の規格を整えれば事前に大量製材ができ、製材と組立の作業を分業化できるので、作業効率が上がる。また、組立も部材に番付を工夫すれば、使用箇所と接合すべき部材などが一目瞭然となり、未熟練労働者でも作業が可能となる。このように、現在のプレハブ建築に通じる工法が採用され、迅速に工事を進めることができたのである。姫路の領民にとって、姫路城はまさに〝一夜城《いちやじょう》〟であったのではないだろうか。

（工藤茂博）

23
〝登《のぼ》り石垣〟と〝竪《たて》石垣〟は違うのか
——洲本《すもと》城の竪石垣

所在地：兵庫県洲本市小路谷
主な遺構：堀・石垣・土塁・天守台
主な城主：稲田氏
石　高：一万四三〇〇石

洲本城は、標高124メートルの三熊《みくま》山の山頂一帯に本丸が築かれている。山上には、江戸期を通じて目立った建物はなく、豊臣期の城主であった脇坂《わきさか》氏が築いた石垣が残る程度であった。いわば、山上は〝古城〟と化していたのである。

対して、北側山麓部には、水堀や石垣によって囲い込まれ、門・塀・番所・御殿等を構えていた一角があり、こちらが実質的な城郭として機能していた。とはいえ、洲本城は寛永十一年（一六三四）以降は阿波徳島藩の支城となっていたから、御殿に藩主が常住することはなく、替わりに家老稲田《いなだ》氏が在番し、城を維持・管理していた。

山上の天守台北側と東の丸の北側からは、山麓の城郭に向かって石垣と竪堀が延びており、山上と山麓を連結していた。国文学研究資料館蔵「淡路須本之御城絵図」等では、斜面に延ばされた二本の石垣を、「のぼり石垣」と呼称している。この石垣は、脇坂氏の時代に築かれたと考えられる。

今日、斜面に延ばされた石垣を「登り石垣」と呼称する場合が多い。ただし、管見の限り、「登

洲本城の竪石垣

り石垣」の呼称を記す江戸期の絵図は、洲本城関連の絵図、そして彦根城《ひこね》（滋賀県彦根市）を描く彦根城博物館蔵「御城内絵図」くらいである。洲本城と彦根城の石垣で共通するのは、①斜面に設けられている、②山上部と山麓部の石垣・虎口と連結する、③山麓部の居館部が囲い込まれている、④複数本でセットになる（洲本城は二本、彦根城は五本）、④石垣の外に竪堀をともなう、⑤それぞれが石塁となる（外側に加えて内側にも石垣が設けられる）、の点である。

対して、異なる点として、①長さ、傾斜、石垣の規模、②彦根城ではほぼ一気に斜面に延びるが、洲本城は短い石塁を連続させた部分が多い、③彦根城では石塁上に瓦塀《かわらべい》が設けられていたが、石塁の上幅が概して狭い。洲本城では塀が存在したかどうか不明だが、上幅が広い、④彦根城では居館部以外を囲い込む石塁がある、等が挙げられる。

こうした違いは、地形や長さ、築かれた時期差等も考慮すべきかもしれない。ただ、国内での登り石垣の事例としてしばしば挙げられる松山城《まつやま》（松山市）、米子城《よなご》（鳥取県米子市）等においても、同様に類似・相違点がある。米子城の場合は、片側は堀もしくは谷地形を利用していたのかもしれないが、少なくとも現状で確認できるのは、片側一本だけである。松山城も米子城も、石垣に併走するような竪堀は存在しない。

国内の登り石垣は、文禄《ぶんろく》・慶長《けいちょう》の役《えき》時に朝鮮半島に築かれた倭城《わじょう》の影響を受けて築かれたと説明されることもある。たしかに、両者の関係性は認めるべきであろう。もっとも、倭城は居館ではなく、城域全体を囲い込むものばかりである。石塁を有するものもあれば、片側のみ石垣を築くものもある。竪堀をともなうもの、そうではないものもある。倭城の間でも、規模・形態にはばらつきがある。

となると、登り石垣とされる遺構の共通要素は、せいぜい石垣が傾斜するといった点に尽きるのではないか。逆に、登り石垣の共通性、その概念を明確に示した先行研究はほとんどなく、漠然としたイメージ像で、共通性が語られてきたように思えてならない。傾斜が小さく、長さの短い石垣遺構ならば、山城や平山城では決して珍しくない。あえて登り石垣という呼称を用いるならば、概念設定を行う必要があるはずである。

筆者は、明確な概念設定を設けることは難しく、史料上の用語も限られるから、「登り石垣」ではなく「竪石垣」の呼称を提唱する。斜面に設けられる土塁ならば竪土塁、堀ならば竪堀と呼ぶように、竪石垣と呼べば事足りる。それでも区別が必要な場合は、どのような、どの場所にある竪石垣であるのかを説明すれば十分であろう。

（髙田　徹）

24 ごみを取り除くための小規模な舟着き場
——今治《いまばり》城の塵取《ちりとり》

所在地：愛媛県今治市通町
主な遺構：堀・石垣・櫓台
主な城主：松平氏
石高：三万五〇〇〇石

築城の名手である藤堂高虎《とうどうたかとら》によって築かれた今治城は、日本三大水城の一つに数えられることがある。往時は海浜に接して築かれ、城内には舟入《ふないり》を備えていた。しかし、現在は本丸の堀・石垣、再建された櫓・門等が残っているにすぎず、堀の多くは埋められ、海浜との距離もやや離れてしまった。

再建された本丸山里櫓の北側では、石垣裾に設けられた犬走《いぬばし》りの幅が広くなっている。そこから、対岸の二の丸跡に向かって木橋（再建）が架けられている。木橋の近くには、水堀に向かって石段が伸ばされている。石段は横方向に長いので、人が堀に下りるためのものではなく、小舟が横付けできるよう設けられたものである。小規模ながら、舟着き場であったといえよう。

この舟着き場は、どのような目的から設けられたのだろうか。水城よろしく、ここから城外へ脱出する非常用に設けられたのか、あるいは必要物資を城外から本丸にスムーズに運びこむためなのか。もっとも、現在も江戸期においても本丸を囲い込む水堀は、他の曲輪を囲い込む堀と直接つながっていなかった。海と直接つながることもなかった。すなわち、本丸を囲い込む形で完結していたのである。

堀には海水が満ちており、海水魚が泳いでいる。地中の水路などで海とつながった部分があるのかもしれない。しかし、それでは堀に舟を浮かべた上で人が海へ出ることはできないのである。本丸の北側には鉄《くろがね》門の前に土橋があるから、堀を一周することさえできない。つまり舟着き場と舟は、本丸を囲む堀の中だけで使用することを前提にしていたと考えられる。

今治城の塵取

この舟着き場は、いわゆる「塵取」と呼ばれるものに相当する。堀にたまった塵や芥《あくた》、つまりごみを取り除くため城内側に設けられたものである。堀の対岸に設けてしまうと、城外側から攻め込まれる足がかりになりかねない。実際、堀の対岸には同様の施設が見られない。

現在も変わりないが、堀には枝や葉が風雨によって飛ばされてくる。水草が伸びてくることもあるし、建物の一部が吹き飛ばされて落下することもある。あるいは、堀底に泥が堆積し、堀が浅くなる恐れもある。堀にゴミが浮いている状態は見苦しいいし、堀が浅くなれば防衛上の支障にもなる。そのため、堀のメンテナンス施設が必要になるのであり、こうした小舟の舟着き場が設けられることになったのである。

「塵取」に類似する施設として、「塵落《ちりおとし》」がある。こちらは城外へ舟で脱出するため、城内に積もった塵芥（不浄とされるものも含む）を捨てるために設けられるものである。遺構だけからは、「塵取」と「塵落」ははっきり区分できない。今治城も「塵落」としての役割があったことを否定できないが、そうであれば、対応する形で二の丸側にも舟着き場があってしかるべきであろう。

今治城では、明治初頭に撮影された写真が残されている。塵落付近の堀を写した写真も含まれているが、堀は比較的きれいな状態となっている。これは、他の城郭の堀についてもおよそ共通するものである。やはり定期的に、あるいは適宜清掃がなされていたのではないかと考えられる。明治後期以降になると、各地城郭の水堀は蓮で埋め尽くされることが多くなる。和歌山城（和歌山市）では、士族の生計の足しになるようレンコンが育てられるようになった。

今治城は海水であるためレンコンは育てられなかったが、戦前の絵葉書を見ると、堀の中に木が渡されている。魚か貝か海草を育てていたかのようである。いずれにせよ、堀の内部が草で覆われたり、他の用途で使われたりするようになるのは、大抵は明治以降になってからである。江戸期には堀内部の管理がなされていた。管理上必要になったのは小舟であり、小舟が接岸するために必要となるのが塵取なのであった。

（髙田　徹）

25 雨水を吐き出す石の樋《とい》――高知《こうち》城の蛇口《じゃぐち》

所在地：高知県高知市丸の内
主な遺構：堀・土塁・石垣・天守・門
主な城主：山内氏
石　高：二十万二〇〇〇石

関ヶ原の合戦後、土佐一国を領することになった山内一豊《やまうちかつとよ》は、慶長六年（一六〇一）から高知築城に着手した。築城の地には、南北朝期に大高坂山《おおたかさかやま》城があったとされる。また、豊臣期には長宗我部元親《ちょうそかべもとちか》が新城建設に着手したが、水はけが悪かったため築城途中で断念し、浦戸《うらど》城（高知市）を築いたといわれている。

一豊によって築かれた高知城は、山内家二十万二〇〇〇石の居城として明治初頭まで維持された。

ところが、享保十二年（一七二七）の大火により城の主要部は焼失した。重要文化財の天守をはじめとする現存建築のほとんどは、大火後の宝暦三年（一七五三）までに再建されたものである。

高知城は丘陵上に位置し、最高所に本丸がある。二の丸は、本丸を隔てて向かい合う位置にあり、廊下橋によって行き来するかたちになっている。本丸も二の丸も、周囲を石垣によって囲いこまれているが、石垣のところどころには蛇口《じゃぐち》（高知城では「石の樋」と呼ばれることが多い）がある。

蛇口とは、雨水や地下水の一部を吐き出すところである。各地の城郭に見られるが、高知城では、

高知城の蛇口

あたかも舌のような長細い石が、石垣法面から大きく突き出しているのが特徴的である。長く突き出すのは、石垣の傾斜や高さと関連しているのだろうか。長く突き出せば、それだけ遠方（外側）に雨水を落とすことができるからである。

城内では、現状で一六ヶ所認められるそうだが、本丸東側の杉の段にある蛇口は、長さ1メートル以上の石が突き出しており、ひときわ目を引く。突き出した石は、石垣の内側で安定させるために固定されているはずである。したがって、見た目以上に長い石を用いていると考えられる。写真に示した箇所では失われてしまっているが、本来は側面に枠石が存在しており、石の先端部から水が落ちる造りになっていた。水が落ちる先となる裾部の曲輪側には、敷石と集水桝があり、排水路によってさらに外側へ雨水を流していたはずである。あるいは直接、堀に雨水や浸み出した地下水等を流し込んでいたはずである。雨量が多ければ、放物線を描いて、勢いよく水が吐き出されたことだろう。

石垣の内側には、外側に対して排水路が延びているが、排水路の多くは地中に埋もれているため、どのように延びているのか把握するのは困難である。ただし、蛇口に向かって水が流れ落ちるよう、高低差がつけられていたのは間違いない。

さらに、途中で水があふれないよう、あるいは砂土が一緒に流れ落ちないよう、集水桝を途中、途中に設けていたはずである。そもそも、曲輪内部にはさまざまな建物が建っていた。軒先に雨樋を持つものもあるが、大抵は屋根からすぐに地面へ雨水が落ちる造りとしていた。軒先から滴った雨水を、直下の地面に浸透させる場合もあろうが、ほとんどは雨落ち溝に雨水を落とす。雨落ち溝に落ちた雨水は集約され、蛇口によって曲輪外に排水される。高低差を考慮しつつ、曲輪内部の建物配置に対応させて、蛇口を含む排水路は設定されていたわけである。

高知城に限らず、近世城郭であれば、同様に曲輪から曲輪外への排水路が実に計画的に、ち密に設定されているのが通例である。蛇口を用いず、虎口の開口部からそのまま曲輪外に水を流すケースも散見される。曲輪内に不必要な水を溜めることは、建物の損傷につながるし、居住環境として望ましいものではない。城内にも湿気が漂うことになる。なにより、雨水を滞留させることは、土塁や石垣を内側から崩壊させてしまう恐れがある。そこで、見えない部分ながら、綿密に手間をかけて排水路は構築されたのである。ただし、城郭全体の中での排水路の配置状況は、高知城も含めなかなか把握しづらいのが現状である。それでも、蛇口を拠り所の一つとして、発掘調査成果も援用しつつ、地中の排水路の縄張り（全体構造）を解明していく必要があるだろう。

（高田　徹）

26 異なる時期の石垣の継ぎ目がもつ意味
——中津《なかつ》城の角石《かどいし》

所在地：大分県中津市二ノ丁本丸
主な遺構：堀・石垣・土塁
主な城主：細川氏・奥平氏
石　高：十万石

石垣のうち、「隅石」とは角部に築かれた石垣もしくは角部を構成する石材を指す。角石と呼ぶこともあるし、全体を指して隅角部《ぐうかくぶ》等と呼ぶこともある。一般的に、近世初頭に完成をみる石垣では、角石が整った算木積になるとされている。また、隅石に対して石垣を面的に構成する部分を「築石《つきいし》」部と呼ぶ。築石は、「平石《ひらいし》」と呼ぶ場合もある。

中津城では、本丸の周囲の石垣が比較的残っており、改変・破壊された部分もあるが、およそ旧状をしのぶことができる。南側は、明治以降に破壊・改変されたところが多かったが、平成十三年から始められた発掘調査や、調査後の整備により往時の姿をかなり取り戻している。中津城の石垣には、見どころが少なくない。そのうちの一つは、古代山城《こだいさんじょう》である唐原山城《とうばるさんじょう》（神籠《こうご》石《いし》）の列石《れっせき》を転用した石材である。きれいな方形に整えられた石材であり、端部に欠き込み加工を施している。これは、主に本丸西側にある中津川（旧山国川《やまくにがわ》）に築かれた石垣や、本丸北側の石垣中に見つけることができる。

北側から本丸石垣を眺めると、築石中には「y」字状になった角石のラインを追うことができる。

中津城に限らず、ほかの城郭でも築石中には角石のラインがしばしば認められる。この場合、角石のラインによって構成される石垣が最初に築かれ、後に片側の築石部分が築かれていることが判明する。つまり、石垣の構築時期差もしくは改修経過が表れているのである。改修されているのは、築石が完成してからある程度年月が経過している場合もあるし、築石完成直後の急な設計変更で構築されている場合の二パターンが想定できる。

中津城の本丸石垣

中津城の場合、向かって右側（西側）にある角石は、水堀中（おそらく底部）から立ち上がっている。したがって、右側にある角石を中心とした石垣が最初に築かれ、後で左側の築石部が築かれているのは明らかである。珍しいのは、中津城では右側の角石にかぶるように、上部左側（東側）に短い角石ラインが構築されている点である。二つの角石に挟まれた中間は、九つ程度の築石で塞がれている。このことから、①右手の角石が構築、②左手の角石が構築、③中間部分を築石で閉塞、という三段階の構築過程が追える。

構築過程は間違いないが、右手の角石は比較的きれいに整形された石材を用い、算木積の長短関係がはっきりしている。これに対して、左手の石垣は荒割りした石材を多く用い、算木積の長短関係はやや不明瞭である。積み方からすれば、右側のほうが新しく、左側のほうが古いように見受けられる。つまり、構築順序に対し、積み方から考えられる新旧関係が逆転しているのである。この点をどのように考えるかも重要な問題と言える。石垣の積み方から編年を行う際、注意喚起となる事例となるが、ここでは深く詮索しない。

注目したいのは、なぜ左手の角石が構築されているかという点である。右手の角石による石垣を築いた後、設計変更して曲輪を広げるためだけならば、あえて左手の角石を築く必要はないはずだ。

中津城の模擬天守と復興櫓

考えられるのは、左手に角石を造る必要のあった石垣を構築し、その石垣によって構成される曲輪を造り出そうとしたためであろう。現在は左手の角石、右手の角石、中間の築石部分の最上部（天端石）は、ほぼ水平に揃っている。しかし、かつては左手の角石はもっと高かったのではないか。本丸中の北東隅あたりに、一段高くなった曲輪を構築する必要上、あえて左手の角石を築き、その続きにあった築石も同様に高く積み上げ、その安定化を図ったと考えたい。左手の石垣や曲輪の完成後、中間部分を築石で塞いだが、さらに後になって、左手の石垣を右手の石垣の高さまで崩した（均した）というのが、現状の姿ではないか。

現在、本丸の北東隅には、昭和三十九年に建設された模擬天守が建つ。想像をふくらませると、左手の角石は、かつて存在した中津城天守の天守台、あるいは天守台に続く石垣の一部と考えられはしないか。

江戸期を通じて、中津城に天守は存在しなかったが、『綿考輯録《めんこうしゅうろく》』には、元和七年（一六二一）に細川忠興《ほそかわただおき》が中津城を隠居城とする際、「天守之台をも惣地形ほとに取りおろし」との記述があり、それ以前は天守・天守台が存在したことが知られる。先述した左手の角石・築石は、「取りおろし」された天守台の名残である可能性もあるだろう。

改めて整理すると、①右手の角石を中心とした石垣・曲輪を構築。②天守・天守台等を構築するため、左手の角石を中心とした石垣・曲輪を増築。③中間部分を築石で閉塞。④左手の角石上部を「取りおろし」て、右手の角石の高さに揃えた、という変遷を考えることができる。

もちろん確定的なことは言えないが、発掘調査を行わずとも、地表面観察の所見の範囲であっても、こうした考え方、変遷案を提示することはできるのである。

（高田　徹）

視点1

発掘成果を知るためには

発掘調査された城郭を間近で見るには、各自治体が開催する現地説明会に参加するのがベストである。現地説明会の情報は新聞やネットニュースで知ることができる。決められた日時・場所に赴けば、発掘担当者から詳しい説明を聞くことができ、現地説明会用の資料も手渡される。不明な点があれば、たいていその場で親切に説明してもらえるものである。

現地では安全性確保のため、立ち入りできない場所もあるが、長く地中に埋没していた遺構を目にすれば、得も言われぬ感動を覚える。直接目にした者だけが味わえる特権だと言えよう。そして多くの場合、現地説明会は生の遺構を目に焼きつける最後のチャンスとなる。発掘調査が終了すると、破壊されるか埋め戻されるか、さもなくば現代的な整備の対象となるからである。

運悪く現地説明会に赴くことができなくても、近年では現地説明会用の資料を自治体や埋蔵文化財センターのウェブサイトで公開する例が増えつつある。気になる調査があれば、検索を試みればよいだろう。ただし、現地説明会用の資料は簡単な記述に止まることも多く、その後の調査・研究に基づき、評価が改められる場合もある。

詳細かつ学術的に調査成果を盛り込んでいるのは、何と言っても発掘調査報告書である。発掘調査報告書は少部数の発行であるが、近年では奈良文化財研究所「全国遺跡報告総覧」https://sitereports.nabunken.go.jp/ja に相当数が収録されており、有益だ（随時更新中）。

（髙田　徹）

第二部　建築工事（作事）の謎

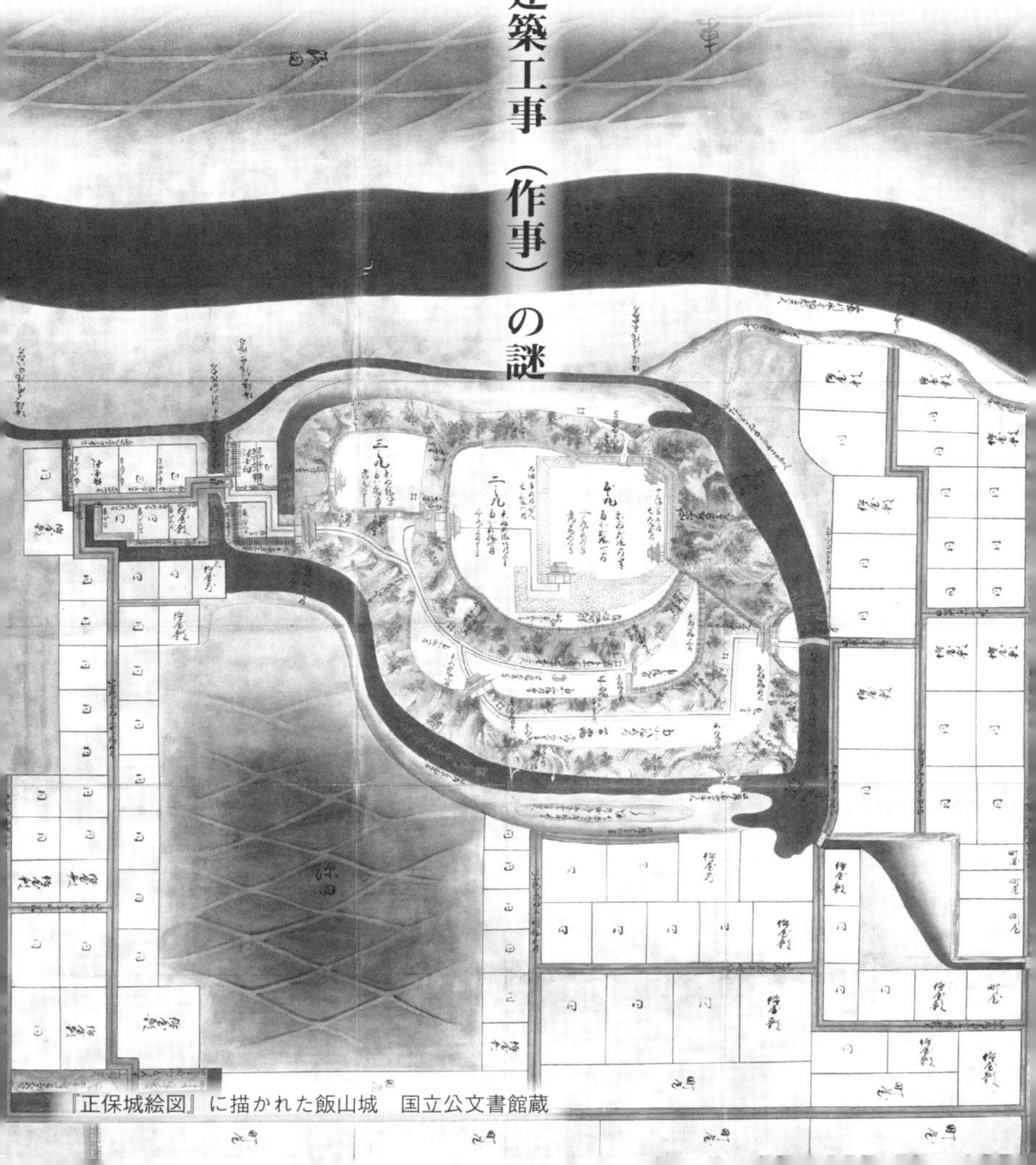

『正保城絵図』に描かれた飯山城　国立公文書館蔵

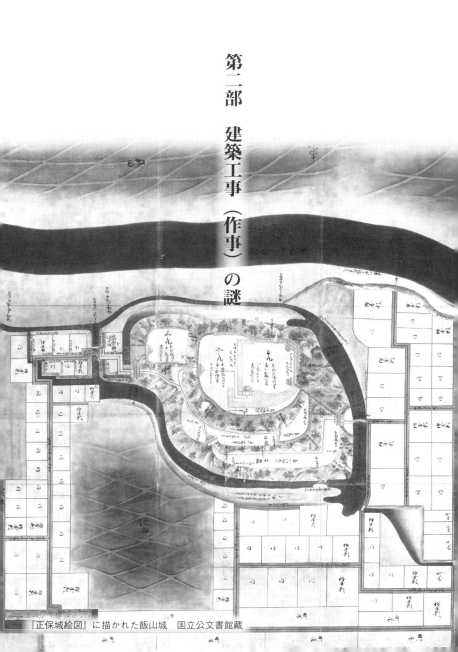

27 水際に多数の杭が打ち込まれた理由

——米沢《よねざわ》城の柵《しがらみ》

所在地：山形県米沢市丸の内
主な遺構：堀・土塁
主な城主：上杉氏
石　高：三十万石

米沢城は、伊達政宗が出生した城として、また、上杉《うえすぎ》景勝《かげかつ》の重臣・直江《なおえ》兼続《かねつぐ》が入城したことでも著名である。慶長十三年（一六〇八）には、関ヶ原の合戦後の大幅な減封《げんぽう》を受け、上杉景勝の居城として大規模に改修され、明治初頭まで上杉氏三十万石（後に十五万石）の居城となった。ただし、石垣は用いられず、土造りを基調とする城郭であった。本丸の北東隅と南東隅には三階櫓が建っていたが、南東隅には天守台級の巨大な櫓台が存在した。この櫓台上には天守ではなく、上杉謙信《けんしん》を葬った祠堂《しどう》（御堂）が建っていた。他の城郭には見られない、上杉氏の居城ならではの城郭構成であったといえる。

米沢城は現在、本丸の土塁や水堀等を残す程度である。土塁裾部となる水際には、低い石垣が積まれている。平成元年に本丸跡（松《まつ》が岬《さき》公園）の整備工事にともない、水際の石垣の積み替え工事が行われた際、石垣の背面（かつての堀の端部）からはおびただしい数の杭が打ち込まれた状態が確認された。杭は当初、昭和八年に石垣が築かれた際に、土止め用に設けられたものではないかと考えられていた。しかし、「杭列が水中下に存在することや杭の先端が、尖状を有することなどから」城郭にともなう遺構ではないかと考えられ、最終的には「敵の侵入を防備する乱杭」と考えられるに至った（米沢市教育委員会一九九四『米沢城発掘調査報告書』）。

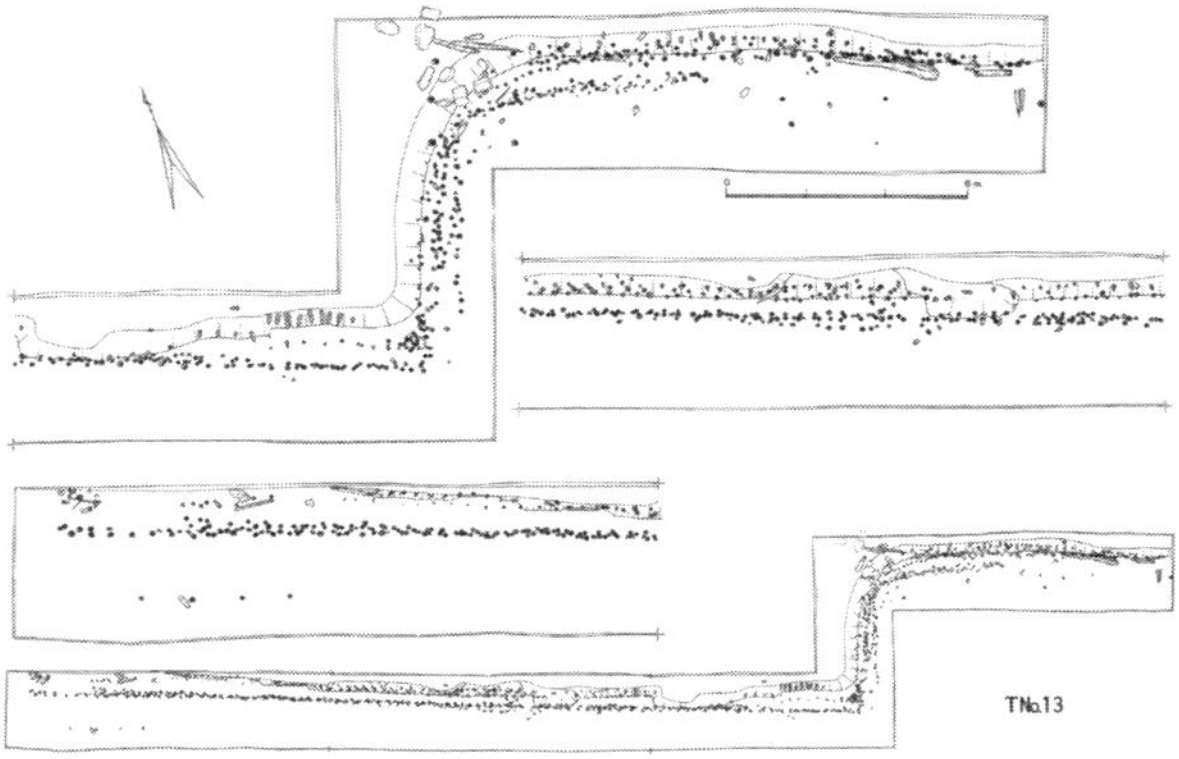

米沢城の乱杭？　『米沢城発掘調査報告書』（1994年）より転載

乱杭とは何か。『広辞苑』第三版によれば、「秩序なくやたらに打ち込んだくい。地上または水底の所々に順序を乱して杙《くい》を打ち込み、縄を張りめぐらし、敵の侵入を妨げるために設けたもの」とある。秩序なく、あるいは順序を乱して打ちこむのは、敵の直進を妨げ、行動を停滞させ、さらには侵入自体をあきらめさせるためである。『平家物語《へいけものがたり》』にも用例が確認でき、遺構としては、弥生《やよい》系環濠集落《けいかんごうしゅうらく》にも確認できるものである。

米沢城で乱杭とされる遺構は、本丸土塁裾の水際や二の丸側の堀際（ただし、近代以降の改変により水堀の底部となった部分）から検出されている。杭の直径は10センチ前後、長さは1メートル以上に達するものを含み、板材と組み合わされた部分も見られた。

一方、杭は密になった部分もあれば、そうではない部分もあって、秩序なく打ち込んだという印象はうけない。水際に集中させ、ぐるりと取り巻いたという感じである。先端部には尖った部分があったようだが、それが当初の姿を止めるのかどうかは明らかにしえない。水中に没した部分が多かったようだが、当初は上部が水面から顔を出していた状況も考えられるだろう。

このように、不明な部分はあるが、形態や構造から考えると乱杭ではなく、水際が侵食されることを防ぐために設けた土止めの杭・板であり、柵（しがらみ）と呼ぶべき遺構だろう。土塁裾が水に面していたのなら、崩落しやすくなる。まして、地盤がしっかりとしなければ、なおさらである。堀が滞水していたとしても、強い風が吹けば、波濤が土塁裾にも押し寄せる。まして流水ならば、土塁を崩してしまう恐れが大きい。そのため、杭を打ち込んで崩壊現象に対処したと考えられる。土塁のうち、水際だけ石垣を巡らした「腰巻石垣《こしまき》」も、基本的には同じ役割を担ったと考えられる。米沢城で昭和になって堀際に設けられた石垣も、崩壊対策とみて大過ない。

そもそも、乱杭を打ち込むのならば、水堀際に垂直方向に打ち込むよりも、土塁法面に打ち付けたほうが、よほど効果的である。また、先端の尖った杭を打ち込むというのは至難の業だ。打ち込んでから、尖端部を加工するという方法も取れなくはないが、非常に煩雑になる。こうした点からみると、米沢城も含め、近世城郭では今のところ、乱杭と呼びうる遺構は見つかっていないといえるのではないか。

（髙田　徹）

28 意外に不明な近世初頭の城の様子
――新庄城《しんじょう》の冠木門《かぶきもん》

所在地：山形県新庄市堀端町
主な遺構：土塁・堀・石垣
主な城主：戸沢氏
石高：六万八二〇〇石（最大高）

新庄城は、もともと小規模な城があった場所に、戸沢政盛《とざわまさもり》が築いたものである。多少の改変はあるものの、本丸が公園となって残っている。

元和八年（一六二二）に山形城（山形市）にいた最上氏《もがみ》が改易された後、山形には鳥居忠政《とりいただまさ》が入るが、あわせて忠政の従弟の松平重忠《しげただ》が上山《かみのやま》（山形県上山市）に、娘婿であった酒井忠勝《さかいただかつ》が庄内《しょうない》（同鶴岡市）に、そして妹聟であった政盛が新庄に入った。このような血縁関係を加味した大名配置は他でも見られる。政盛は、新庄・清水《しみず》・舛形《ますがた》の三つの城を居城候補としてあげたが、将軍秀忠から「勝手次第《かってしだい》」との許可を得て、新庄を居城とした。縄張りは忠政が行ったという。以後は、幕末まで戸沢氏が城主として続く。

城の建造物は、当初は簡素なものだったようだ。寛文四年（一六六四）七月二十七日、幕府に提出した願書の控えによれば、本丸の表門は冠木門《かぶきもん》で、城内が見通されるものであった。冠木門とは、門柱の上部に笠木《かさぎ》または冠木と呼ばれる横木を渡した簡易な門である。現存例はないが、復元されたものは中世・近世を問わず、各地で見ることができる。

難波田城跡の復元冠木門　埼玉県富士見市

願書では、これを櫓門に改めるとともに、蔀土居《しとみどい》に塀を置きたいとしている。あわせて、櫓も石の土台の上に建てただけなので、石垣の上に建てたいと記している。たしかに、現存する『正保城絵図』を見ると、本丸の虎口は門の前面に狭い空間を置いてはいるが、平入りで防御性に欠ける。また、門の形も二本の柱の上に屋根を乗せただけの構造である。もっとも、近接する東根城《ひがしね》（山形県東根市）や山形城などの門も、似たような描かれ方をしているので、高麗門に近い形だった可能性もある。

現存する近世城郭の大半は、関ヶ原合戦後に築かれたもので、それ以前の城の姿は実はよくわからない。信頼できる絵画資料としては、「聚楽第図屏風」や「名護屋城図屏風」、大坂の陣に関する屏風があるくらいで、戦国の城の姿がわかるものなど皆無といってよい。

戦国期の城跡の整備で、建物を造るときに「一遍上人絵伝《いっぺんしょうにんえでん》」の屋敷の門が参考とされる場合もあるが、時代が違うし、そもそも本当にあのような門が実在したのかもわからない。中世城郭の建物と伝えられる建築物もあるが、部材はそうだったとしても、外観はどこまで当時の姿を踏襲しているのだろうか。佐倉《さくら》城（千葉県佐倉市）の銅櫓《あかがねやぐら》は、元は江戸城（東京都千代田区）にあり、太田《おおた》道灌《どうかん》が造ったものとされる。解体中の古写真が残っているが、仮にそのとおりだったとしても、外観が当時と同じかどうかは証明できない。

近世初頭の城の様子も似たようなものであるが、「江戸図屏風」では、寛永十五年（一六三八）の川越《かわごえ》大火《たいか》以前と思われる川越城（埼玉県川越市）の姿が描かれていて興味深い。本丸は土塁と水堀に囲まれ、土塁上には塀が巡る。塀は茶色で、漆喰を塗らない土塀だったようだ。狭間《さま》はない。裏面は木組みが見え、おそらくは木製の控え柱が立っている。屋根は草葺きである。櫓は、屋根は切妻の板葺きまたは草葺きで、井楼の上に小屋が乗っていて、梯子がとりついている。江戸城と比べると粗末な印象であるが、近世初頭ではこのような姿の城が多かったのかもしれない。現存する相馬《そうま》中村《なかむら》城（福島県相馬市）の門は、川越城の門が堅固であったので、それを参照して築いたという。城主は、川越城の門より堅固な江戸城の門を見ているはずなので、この話がどこまで真実かは不明だが、もともと粗末な門が建っていた可能性は捨てきれない。

東国では、土塁主体の城が多いこともあり、白亜《はくあ》の塗り込めの建造物や、それを支える石垣を築ける技術者が不足していたのかもしれない。例えば、佐竹氏の家中では、石垣普請は「一切不案内」であった。こうした技術が次第に広まっていき、各地の城が、現在のわれわれが思い描くような近世城郭の姿に改築されていったのではなかろうか。

（関口和也）

29 仙台藩を模倣して造られた懸造り《かけづくり》
——角田城《かくだ》の懸造り

所在地：宮城県角田市角田字牛館
主な遺構：土塁・移築城門
主な城主：石川氏
石高：二万一〇〇〇石

宮城県南部の角田市の中心部に、戦国時代に伊達氏と相馬氏が覇権を争った角田城がある。阿武隈急行の角田駅から眺めると、ちょうどその丘陵が見える。現在は、角田高校と角田中学校の敷地と校庭になっており、かつての城の規模がうかがえる。

角田城は、永禄年間（一五五八～七〇）に伊達氏の古い一族である田手《たで》氏が築城したと伝えられており、戦国期に伊達氏と相馬氏との間で角田盆地の争奪戦が繰り広げられた際には、伊達輝《てる》宗《むね》・政宗父子が角田城に在陣している。その後、天正十九年（一五九一）に政宗の股肱《ここう》の臣である伊達成実《しげざね》が城主となったが、成実は文禄四年（一五九五）に伊達家を出奔し、角田城は政宗により接収された。慶長三年（一五九八）、政宗の叔父・石川昭光《いしかわあきみつ》が一万石（最終的に二万一〇〇〇石）で入城し、以後、石川氏が明治維新まで居住した。

周知のように、仙台藩では近世においても地方知行制《じかたちぎょうせい》（要害制《ようがいせい》）であった。この要害制のもとで、角田城は石川氏の在郷居館《ざいごうきょかん》とされ、幕府との関係では「要害」として「城」に準ずる扱いを受けた。したがって、江戸時代にも城郭としての形態を維持し続けており、周囲には水堀や土塁を巡らし、枡形を備えた虎口を構え、櫓まで存在していた。

角田城の特徴的な施設として、「懸造り」がある。懸造りは「崖造《がけづく》り」ともいわれるように、崖や池などにせり出した建物を柱と貫《ぬき》で支えるような構造で、京都清水寺《きよみずでら》の舞台が代表的な建築事例である。一般的には寺社に用いられることが多いが、城郭建築でも用いられている。

「仙台城及び江戸上屋敷主要建物姿絵図」に描かれた仙台城の懸造り　仙台市博物館蔵

角田城の懸造りのルーツは、伊達氏に求めることができる。伊達氏は、戦国期に米沢城（山形県米沢市）を拠点としていたが、米沢城にも懸造りが存在していた。これは、池の上に突き出したような釣殿《つりどの》のようなものであったとみられる。懸造りは、米沢から岩出山を経て伊達氏の居城となった仙台城（仙台市）にも引き継がれ、本丸の城下町を見渡す崖の上に懸造りが造営された。仙台城の懸造りは「眺瀛閣《ちょうえいかく》」と称され、政宗の築城期から存在していたとみられる。政宗は、慶長十四年に広瀬川の対岸で行われた鉄砲つるべ打ちを懸造りから見学しており、賓客の接待などにも用いている。懸造りは、伊達氏の城郭の中で、米沢以来受け継がれた重要な存在であった。

重要性を物語るものとして、角田城の懸造りがある。角田城は石川昭光が政宗から拝領してから整備されるが、その過程で懸造りが造営されたとみられる。角田城の最高所に当たる懸造りからは、城下町を見渡すことができ、まさに仙台城における懸造りと同様の役割を果たしていたとみられる。なお、絵図では「長屋」と記されているが、呼称としては「懸造り」と称されたようで、史料には後者で記録されている。

石川昭光は政宗の父輝宗の弟であったが、福島県石川郡の戦国大名である石川氏に養子に入って跡を継いでおり、天正十三年の人取橋《ひととりばし》の戦いでは佐竹氏らの軍とともに政宗と対峙している。豊臣秀吉の小田原攻めの際に参陣せず、所領を没収されて甥の政宗のもとに身を寄せたが、かつては歴とした伊達一族であり、独立した領主でもあった。政宗は、石川昭光を家臣団の最高位の家格に当たる一門の筆頭に置いている。石川氏では、藩主に次ぐ家格という自己認識の下、藩主伊達氏の居城と同様の懸造りを造営したと考えられる。角田城における懸造りは、仙台藩内における一種のステータスシンボルの意味を有していたのである。軍事的にはほとんど意味を持たない建築であるが、伊達氏や仙台藩の中では、極めて重要な意味を持つものであった。

このような懸造りは、仙台城や角田城に限らず、近世の城郭では苗木城《なえき》（岐阜県中津川市）、伊豆木《いずき》陣屋（長野県飯田市）、福山城（広島県福山市）、織豊期には安土城伝前田利家《まえだとしいえ》邸跡（滋賀県近江八幡市）、大坂城御殿（大阪市）にも存在していたともいわれている。城郭における懸造りについて、改めて検討してみる必要がありそうである。

（太田秀春）

30 徐々に駆逐されていった防御施設 ——飯山《いいやま》城の木柵《もくさく》

所在地：長野県飯山市飯山田町
主な遺構：堀・石垣
主な城主：松平氏・本多氏
石高：二万石

戦国期の飯山城は、上杉謙信による信濃侵攻の拠点として維持・整備された。近世初頭には、高田城（新潟県上越市）主・松平忠輝領の支城となり、その後は堀《ほり》・佐久間《さくま》・松平・青山《あおやま》・本多氏が城主となっている。現在、城跡の主要部は城山公園となり、本丸の石垣や南中門礎石が残る他、模擬門（かつての門部材を一部利用）が建つ。

江戸期の城内の様子は、『正保城絵図』によっておよそ判明する。平山城であった城の斜面には、実に多種多様な樹木を描いている。塁線や櫓の直下にも樹木が描かれていて、斜面（＝切岸《きりぎし》）が決して丸裸の状態ではなかったことがわかる。ちなみに、同図の斜面には、岩や斜面の凹凸（小さな尾根あるいは谷状になった地形を表現したものであろう）を描いており、実に精緻である。想像や脚色を交えたものではないだろう。

本丸は、全周に石垣を巡らす。高い石垣（5間。現状はせいぜい2メートル強の高さ）として描かれるのは北・西面だけだが、上部に塀はない。東と南面の石垣は高さ1間であり、上部に板を縦に打ち付けたような塀を描く（屋根も板材のように見える）。本丸の北から西側裾に広がる二の

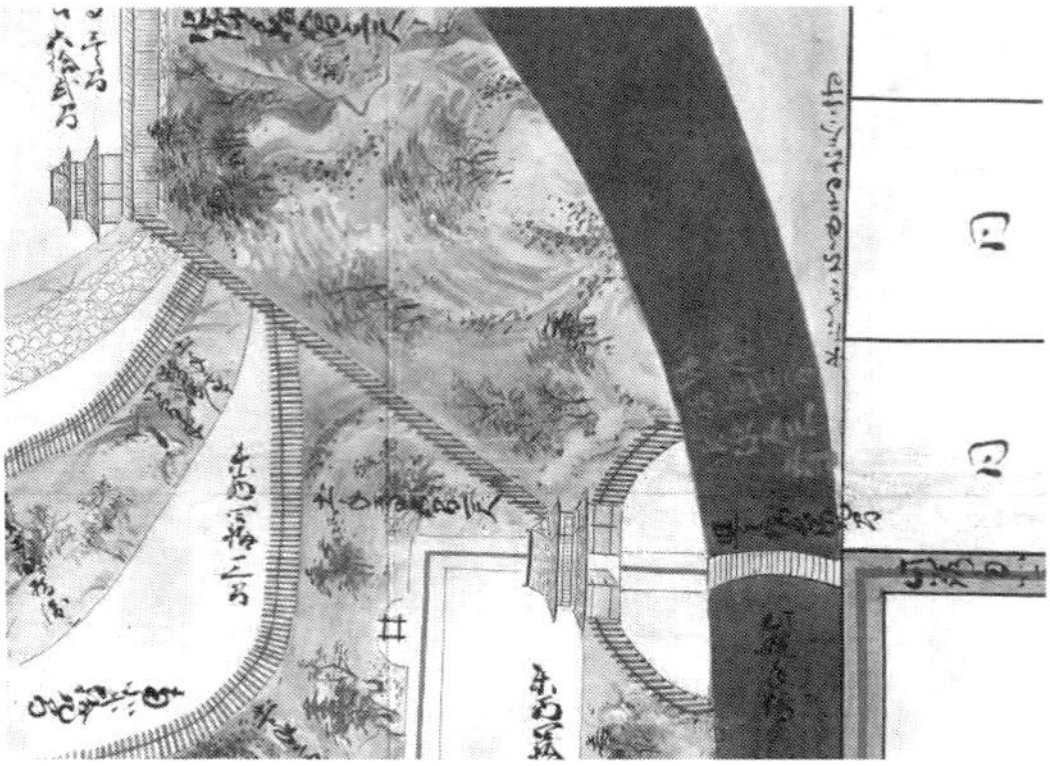
『正保城絵図』に描かれた飯山城の木柵　国立公文書館蔵

丸は、東側のみに板塀を巡らし、他の部分は木柵で囲まれている。注記には「土手高六間」等と記されているが、切岸上に木柵が設けられているような描写である。ここでいう「土手」とは、土塁ではなく、斜面の意味と捉えてよいだろう。

描かれた木柵は、かなり間隔を詰めた状態で、垂直方向に竪木が並ぶ。その上方には横木が二列に渡され、二列の横木によって竪木の上方は固定されている。

絵図の描写だけからは読み取れないが、竪木の下方は、布掘りしたうえで突き固めたか、尖端を地中に打ち込むことによって固定したのであろう。竪木は、土塁や切岸の際に設けたほうが防御上は効果的であるが、それだと斜面の崩落を誘発する。そのため、土塁や切岸際から少し内側に引いた位置に設けられていたとみられる。

次に、横木が上方に二本渡されている点を考えてみる。横木を下方に設けていたのならば、侵入者にとっては柵をよじ登る際の格好の足場となる。よって、上方に横木が渡されているのだろう。

『正保城絵図』に描かれる木柵は、他城の描写でもおよそ同様となっている。ただし、横木の固定方法までは読み取れない。簡便に固定できるのは縄である。やや煩雑になるが、貫穴《ぬきあな》を設けて結合する方法もある。だが、貫穴を開けて横木を通すためには、竪木・横木の長さ・太さをある程度揃えなければならない。柵といえば、簡素な防御施設といった感がある。たしかに、土塀ほど手がこんだものではないし、飯山城でも本丸には用いられた形跡がない。それでも、かなりの本数の竪木を揃える必要があるし、横木を渡して結束する必要もある。雨ざらしであるうえ、根元は地中に埋められているから、全体が朽ちやすい。消耗する期間は短かったと考えられる。

このためだろうか、明治五年(一八七二)段階の飯山城では、ほとんどの曲輪が土塀もしくは板塀で囲い込まれ、もはや木柵は存在していない(『富原文庫蔵 陸軍省絵図』)。『正保城絵図』作成後に改修されたためなのであろう。塀よりも木柵のほうが短命であり、次第に木柵は駆逐されていったのではないかと思われる。

なお、明治初頭の飯山城を写した古写真は残らないが、弘前城(青森県弘前市)、田原城(愛知県田原市)、彦根城(滋賀県彦根市)の古写真には木柵が写る。弘前城では下方に横木が渡されているし、彦根城では竪木が平たくなっていて、平たい面に貫穴が設けられている。一口に木柵といっても、形態・構造はさまざまであった。なかなか個別の実態が捉えにくい、侮りがたい作事と言えよう。

(髙田　徹)

31 堀をまたぐように設置されたのはなぜか

――松本《まつもと》城の足駄《あしだ》塀《べい》

所在地：長野県松本市丸の内
主な遺構：堀・土塁・石垣・天守
主な城主：松平氏・水野氏・戸田氏
石高：六万石

松本城天守（群）は、国宝五天守の一つで、連結複合式と呼ばれる形式である。現存では最古の天守ともいわれ、古式を多く残す造りとなっている。一方、城郭としては本丸周囲の石垣と堀、二の丸の土塁・堀・石垣、外郭部の土塁の一部を残す程度であり、かつての城域の広さと比べると、残された範囲はかなり狭い。もっとも、これは松本城だけに限った話ではなく、わずかに本丸周辺のみが残されている近世城郭というのは、意外に多いものである。

現在、本丸の西側には、「埋橋《うずみばし》」と呼ばれる木橋が架かっている。欄干《らんかん》には擬宝珠《ぎぼし》も据えられ、全体は赤く塗られている。橋は中間付近で折れ曲がり、直進できない造りになっている。

全体が黒の板壁で占められる天守群とは対照的に、赤く塗られた埋橋は見栄えもするし、一見すると、城郭遺構を再現したかのようにも思えてしまう。だが、埋橋は江戸期には存在しなかった。本丸の開口部に埋門は存在したが、橋はなかったのである。つまり、埋門の前は堀であり、その先へ進もうとすれば舟を必要とした。

ところで、江戸期には埋門の少し北側には、堀をまたぐように板塀が巡らされていた。この板塀は「足駄塀《あしだべい》」と呼ばれ、本丸の西側と東側に、二ヶ所設けられた。いずれも複数の絵図に描かれているほか、東側の足駄塀に関しては、明治初頭に撮影された古写真が残されている。古写真によれば、水中には杭をかなり密に打ち込み、その上部もしくはやや内側に引いた位置に板塀を設けていた。板塀は木屋根である。古写真を見る限り、挟間は確認できない。

「松本城旧景図」に描かれた足駄塀　松本城管理事務所蔵

「足駄」とは、板製の履物のことで、簡単にいえば下駄である。打ち込まれた杭、あるいは堀の上に建つ板塀の様子があたかも下駄を連想させ、このような呼称が用いられたのではあるまいか。

埋門の面した堀の北側は足駄塀、南東側は本丸黒門前の土橋で塞がれている。したがって、舟を使っても本丸周りの堀から外の曲輪の堀へ行きつくことはできない。

実は、二の丸の北西部、埋門の西側対岸には「舟小屋」があり、その奥にはお茶屋・数寄屋《すきや》・池・築山《つきやま》等の庭園が存在した。いわば、城主の遊興空間が広がっていたのである。本丸御殿から埋門・舟を利用して、庭園へ連絡していたとみられる。すると、本丸御殿や庭園の成立時期にあわせて、埋門も設けられたとの類推もできよう。城主の乗った舟が行き来する様子を北側の三の丸側から覆い隠す役割を持つ足駄塀も、同時期に成立したと考えることもできよう。

一方、本丸東側の足駄塀の内側、つまり南側には、埋門も舟小屋も存在しなかった。ただし、付近の二の丸では、堀際近くまで二の丸御殿が建て込んでいた。もっとも、本丸よりも下位の曲輪にあたる二の丸には、本丸に対峙するような形で土塁や塀を設けることをしなかった。このため、二の丸御殿は本丸側からはいうに及ばず、北側にある三の丸側からも見透かされる位置にあった。御殿内部が下位の曲輪側から見透かされてしまうというのは、好ましいことではない。

そこで、二の丸側が見透かされるのを防ぐ役割を担ったのが、東側の足駄塀となったのだろう。すると、本丸東側の足駄塀は二の丸御殿の成立時、あるいはそれ以降に成立したと考えられる。古写真に写る足駄塀が狭間もなく、目隠し的な板塀の体裁であったのは、御殿や遊興空間等を、下位の曲輪である三の丸（城外側）から隠すことを第一義にしていたためではないか。そもそも、御殿の配置が縄張り全体と整合的ならば、あえて堀上に足駄塀を設ける必要はないし、足駄塀を必要としない配置を行えば済む話である。

こうしてみると、足駄塀は松本城の縄張りアウトラインが決定した後に、御殿を中心とする作事の拡張が余儀なくされる中で生み出された遺構とみなせるのではないだろうか。（髙田　徹）

32 開閉を容易にする車輪付きの扉——飯田城《いいだ》の車

所在地：長野県飯田市追手町
主な遺構：石垣・門
主な城主：堀氏
石高：一万五〇〇〇石

長野県の南部、飯田盆地の一角にある飯田城は、室町期に坂氏《さか》によって築かれたのが始まりとされ、豊臣期の城主であった毛利氏《もり》・京極氏《きょうごく》の時代に、城郭の拡張・整備が進められたと考えられている。寛文十二年（一六七二）以降は堀氏十二代の居城となっている。

現在、本丸は長姫《おさひめ》神社・柳田國男館等、二の丸は飯田市美術博物館や民家等となっている。それでも、桜の丸跡には桜御門（赤門）が残っているし、本丸周辺や水の手番所等には石垣も残っている。さらに、過去の発掘調査では、堀跡や家老屋敷跡が地中から検出されている。一見すると、残り具合はよくないように思われるが、実は意外に遺構は残っている。地中にはさらに、堀や土塁をとどめるところが多いと考えられる。

ところが、飯田城では他に必見の建築遺構が存在している。それは、旧城内にあるわけではなく、城跡から南東へ約1．5キロ離れた飯田市松尾久井の木下家にある櫓門（旧二の丸・八間門《はっけん》）である。明治四年（一八七一）に払い下げられたもので、平成十年に飯田市有形文化財に指定されている。廃城後に民家、あるいは寺院や神社などに移築される遺構といえば、圧倒的に門が多い。転用し

飯田城旧八間門の車痕跡

やすいうえ、城郭建築っぽさがあり、加えて来歴が権威性を備えていたからだろう。櫓や御殿等になると、移築された数はかなり少なくなる。移築に際しての解体も難儀であるうえ、使い方も限られてしまうからではないだろうか。

同じような理屈によるのだろうが、移築された門も薬医《やくい》門や高麗門の類が多い。こうした門であれば、解体せずに曳屋《ひきや》（建物を解体せず、そのまま移動させるもの）することも可能である。そうしたなか、旧八間門は櫓門であるのが珍しい。ただし、上層は本来、入母屋《いりもや》だったが、現状では切妻となっている。その他も部分的に改造を受けている。

この門で注目したいのは、扉の下端が開口しており、開口部の下にある框《かまち》が丸みを帯びている点である。これはかつて、扉をスムーズに開口させるため、車輪を入れていた痕跡である。所有者の方にお聞きしたところでは、以前は車輪が入っていたため、扉の開け閉めが簡単に、容易に行えたという。

現存しないが、かつて前橋城（前橋市）には、「車門」と呼ばれた門が存在していた。岡《おか》城（大分県竹田市）の大手門には、車輪を動かすための溝が明瞭に残されている。また、織豊期の城郭ながら七尾城《ななお》（島根県益田市）から移築されたという医光寺《いこうじ》の総門の扉には、車輪が付いている。

城郭に残される現存建築中には、車輪を備えた門は残っていない。ただし、城門の中には太い框を用い、さらに鉄板を貼り、かなりの重量を備えた扉がしばしば用いられた。開閉は人力で行うとはいえ、開け閉めはそれなりに力を要するし、場合によってはコツが必要になってくる。常時閉まっている門であったり、潜り戸を中心に使用する門ならば別であるが、開け閉めの頻度が多い門ならば、車輪があると格段に楽である。

かつては、車輪を付けた城門は他にも少なからず存在したとみられるが、今は飯田城旧八間門くらいしか事例があげられない。それにしても、城郭内部に残された現存建築には存在しないのに、移築された建造物の中に特徴的な遺構が残されていることもあるわけである。移築された建造物の中には、移築後に改造されたり、伝承が不確かであったりするものが存在する。それでも、数少ない貴重な城郭建築であるものも含まれているし、城郭建築全般を考えるにあたって、多くの示唆を与えてくれる。しかし、八間門のように文化財指定を受けているものは決して多くない。所有者の諸事情で取り壊されてしまうものもある。

なお、飯田城旧八間門の移築門は、所有者の方から許可を得られれば、間近で観察することもできる（ただし、内部は通常非公開）。その際には車輪が回ることによって丸みを帯び、摩滅した框を見落とさないように。

（髙田　徹）

33 意外に難しかった塀の再建
――高遠城《たかとお》の土壁《つちかべ》

所在地：長野県伊那市高遠町
主な遺構：堀・土塁
主な城主：内藤氏
石　高：三万三〇〇〇石

高遠城は、武田信玄配下の山本勘助《やまもとかんすけ》が縄張りに関わったと伝えられ、江戸期には「勘助曲輪」と呼ばれる曲輪も存在していた。一時期、天領《てんりょう》支配されたこともあったが、後に保科《ほしな》・鳥居《とりい》・内藤氏が城主となっている。

現在の城跡は、桜の名所として著名であり、本丸や二の丸の堀・土塁、藩校進徳館《しんとくかん》等を残している。江戸期には石垣もあったが、大手門周辺等に限られていた。大半は、土塁や切岸、空堀による普請によって防御を固めていた。これらに対応して設けられた作事の様子は、『正保城絵図』等によっておよそ判明する。描写から判断するに、櫓や門の屋根は板葺き、土塀の屋根は草葺きのように見える。櫓といっても、武者窓を連ねた程度の簡素な外観描写となる。

また、土塀の壁は、大手門脇と本丸に関しては白色、つまり漆喰塗としているのに対し、他は茶褐色に描いている。後者は漆喰を塗らない、土壁となった状態を表現していると考えられる。今日、城郭に残される土塀や櫓の外壁は、下見板《したみいた》を打ち付けた場合を除けばほとんど白く、漆喰を塗って仕上げられている（手抜き・簡素化のため、モルタル塗りされる場合もある）。

漆喰を塗れば、とても見栄えがするし、美しい。塗られた直後は、太陽光を浴びて明るくきれいに光るほどである。近いところでは、平成二十七年に修復を終えた姫路城大天守の壁面があまりに白かったため、一時「白すぎ城」と呼ばれたことが記憶に新しい。

もっとも、漆喰は風雨を浴びると剥落《はくらく》しやすくなる。剥落に至らなくても、表面にカビが発生して見苦しくなってしまう。そこで、雨が当たりやすい土塀や櫓の壁面、下方部には下見板（腰板）を張ったり、瓦を貼り付けた海鼠壁《なまこかべ》とすることで、壁として長持ちさせる。併せて汚れが目立たないようにするのである。漆喰は、海苔や貝殻等を必要とするから、材料費もかえってかさんでしまうのである。また、漆喰塗の壁を補修すると、他の部分との違いが目立ってしまう。全面を塗り直すと、時間も経費も相当掛かってしまうというのが難点である。

これに対して、土壁ならばあまり汚れは目立たない。仮に一部が剥落しても、補修がしやすい。土壁は、農家の壁等にもごく普通に用いられていた。今日、土壁の状態を保つ土塀は残らない。あったとしても、それは表面の漆喰が剥落したものである。しかし、『正保城絵図』の米沢城（山形県米沢市）

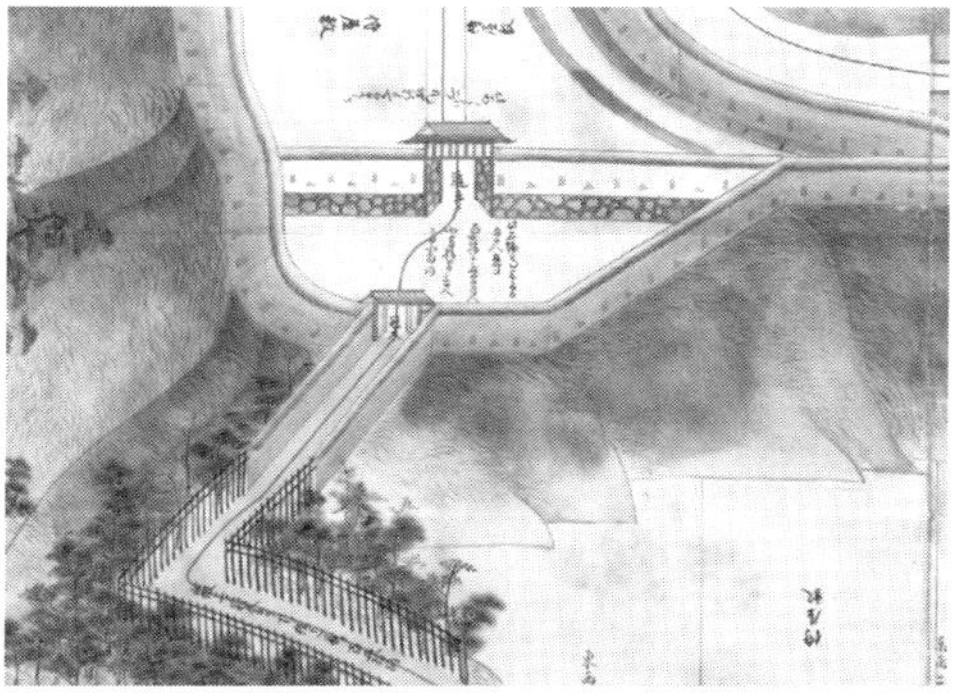
『正保城絵図』に描かれた高遠城の土壁　国立公文書館蔵

と盛岡城（盛岡市）では白壁、つまり漆喰壁の櫓・門とともに、茶色の土壁による土塀を描き分けている。明治五年（一八七二）に作成された高槻城（大阪府高槻市）の絵図（『富原文庫蔵 陸軍省絵図』）でも、中心部分の漆喰壁の土塀と外縁部の土壁の土塀を区別して描いている様子が読み取れる。

苗木《なえき》城（岐阜県中津川市）は、「赤壁《あかかべ》城」の別名を持ち、龍に因む伝承を持つ。城壁を白喰壁に仕上げると、龍が出現して白喰を落とし、赤壁にしてしまったというものである。これは、櫓や土塀が赤茶けた土壁であったことに因む呼称であろう。維持管理が難しく、経費がかさむため、土壁に止めていたというのが真相だったのではないだろうか。

『正保城絵図』では、漆喰壁のように描かれていても、実際には土壁の櫓や塀等はもっと存在していたのではないか。なかなかこの点を証明することは難しいのであるが、明治初頭に写された古写真であっても、よほど近景でなければ、土壁か漆喰壁かの判断が難しい。

櫓や門に比べると、塀は比較的厳密な考証・ハードルを経ずに再建されるきらいがある。それでいて、塀は城郭らしさを醸し出し、城域（≒公園境界）を示すのに効果的である。せいぜい、下見板張りにするかどうか、狭間を設けるかといった点が検討されるくらいではないだろうか。しかし、土壁の土塀も含め、江戸期には多様な塀が存在していたのは間違いない。多様性は壁だけに止まるものではない。意外なことに、厳密な再建は難しい対象であるといえよう。（高田　徹）

34 石を落とすのではなく狙撃陣地か ――金沢《かなざわ》城の石落《いしおと》し

所在地：石川県金沢市丸の内
主な遺構：土塁・石垣・堀・櫓・門・蔵
主な城主：前田氏
石　高：一〇二万二七〇〇石

石落しとは、天守・櫓・多門・土塀・櫓門の外壁の一部を石垣天端よりも外側へ張り出させ、張り出させた下方部を、必要に応じて開口させることができる施設である。普段は、開口部を蓋で覆っている場合が多い。

石落しは、一般的に石垣をよじ登ってくる敵に対し、開口部から石を落としたり、弓矢を用いて撃退する役割をもったと説明される。しかし、張り出し自体の幅も、開口部の幅も狭いため、弓を使って下方部をねらうことは極めて難しい。直下に石を落とすことはできるが、左右に投じるのは困難である。せいぜい拳大か、それよりもやや大きな石を落とせる程度にすぎない。石垣は多くの場合、裾広がりとなっているから、石を落としても石垣の法面にあたってしまう可能性が高い。思い描くような場所に、勢いをもって石を落とすことは極めて困難である。

そもそも、石落しは外側から見てとても目立つ存在であるから、石垣をよじ登ろうとする敵は、事前に危険個所を避けることができたはずである。また、石を落とすことを前提にしていたならば、天守・櫓等の内部、周辺部に石が保管されていてしかるべきである。しかし、石落しを

金沢城の石落し

有する城郭で、投石・落下用の石が保管されていた状況は確認できない。たとえば、上野城《うえの》（三重県伊賀市）では、投石用の石とされるものが天守台際に堆積しているが、これは石垣の背面に用いる栗石（裏込石）である。

こうしてみると、石落しは石を落とすためのものではなく、石垣に接近し、石垣をよじ登ろうとする敵に対して、火縄銃《ひなわじゅう》を開口部に差し入れ、撃退する装置と考えるのが妥当である。火縄銃ならば、狭い開口部からかなりの自由度をもって敵を狙うことができる。敵からすれば、石落し直下は言うに及ばず、周辺部に近づくことを避けねばならなくなる。

もっとも、火縄銃を下に向けてしまうと、発射以前に銃口から弾丸が転がり落ちてしまうのではないか?との疑問の声が聞こえてきそうである。しかし、弾丸はきれいな球体ではなく、大抵は歪んでいる。また、弾丸・火薬とともに紙や布片を銃口に押し込めば、弾丸が転がり落ちる恐れはない。そのような射撃方法も実際に存在していた。

石落しの呼称は、江戸期に各地の城郭で使用されていたが、他に「出狭間《でさま》」（姫路城・兵庫県姫路市)、「袋狭間《ふくろさま》」(和歌山城・和歌山市)、「窓張出《まどはりだし》」(江戸城・東京都千代田区)等の呼称も用いられていた。また、金沢城では「出シ」と呼ばれ、唐破風《からはふ》をともなう出窓状の造りを基調としていた。隣接する海鼠壁《なまこかべ》と相まって、他の城郭には見られない優雅な造りとなっている。現在、石川門・石川櫓・土塀に現存する他、再建された五十間長屋《ごじっけんながや》等にも見られる。

金沢城の石落しは、正面と両側面に鉄板が張られた格子窓が付く。普段は格子内側の引き戸は閉められているから、外から内部の様子を知ることはできない。そもそも格子窓は、外側から内側の様子が窺いにくく、逆に内側からは外側が見渡しやすい。そして、格子窓から火縄銃を放とうとすれば、窓框は台座となり、格子は盾にもなる。その場合、下方を蓋をした状態にして、石落しの張り出し上に立たねばならない。これは、遠方の敵を狙う場合のポジションとなる。

これに対して、石垣に接近した敵を狙う場合は、石落しの蓋を閉め、内側に引いた位置がポジションになる。窓はないが、松江城《まつえ》(松江市)天守の石落しには、正面と側面に狭間があるから、同じような使われ方をしたとみられる。一条城(京都市)や名古屋城(名古屋市)に見られる、出窓をともなう石落しも同様であろう。これらを通して、石落しは直下の石垣裾を狙うためだけではなく、状況によっては蓋をした上で敵を狙撃する小陣地としての利用が想定できる。石落しが実戦でどのように使用されたかを伝える史料は、管見の限り目にしたことがない。ただし、石落しの構造の観察を通じて、上記のように考えることができるのである。

(髙田　徹)

35 掘立柱と礎石を併用した珍しい構造

——丸岡《まるおか》城の掘立柱《ほったてばしら》

所在地：福井県坂井市丸岡町
主な遺構：石垣・天守
主な城主：本多氏・有馬氏
石高：五万石

丸岡城天守は、長く国内最古の現存天守といわれてきた。丸岡城は、天正四年（一五七六）に柴田勝家の甥である柴田勝豊《かつとよ》によって築かれ、天守も、このときに築かれたと考えられていたのである。同様に、犬山《いぬやま》城（愛知県犬山市）も築城時期が天文六年（一五三七）であったから、天守もそのときに築かれたと考えられていた（犬山城天守は、同年に築かれた金山《かねやま》城〈岐阜県可児市〉の天守を移築したと考えられていた時期もあった）。

たしかに、丸岡城も犬山城も、層塔式《そうとうしき》に先行すると評価される望楼型《ぼうろうがた》天守である。犬山城は、当初上段の間を内部に備え、反りの強い垂木《たるき》を用いている。丸岡城は石瓦が用いられているが、当初は柿葺《こけら》きであった可能性も指摘されている（瓦を上に敷くための土居葺きであった可能性もある）。古式な造り・形態を示す部分が認められるが、その点をもって、築城時期から天守が存在したとは断定できない。記録が欠失しているが、後の時代に建てられている可能性も高いであろう。

というのは、丸岡城は約7メートル、犬山城は約6メートルの高さを有する天守台上に築かれている。近年の織豊期の城郭研究成果に基づけば、天正四年あるいは天文六年時に、これだけの高さを有する石垣を築き、上部の天守を支える構造を造ることができたとは到底考えられない。

なお、丸岡城天守は昭和九年に国宝指定されている。昭和十六年には解体修理も行われたが、昭和二十三年の福井地震で倒壊した。ただちに部材の保存は図られたが、復興の道のりは厳しいものであった。それでも、昭和二十六年から同三十年にかけて修理工事が行われ、倒壊以前の姿を取り戻した。北陸唯一の現存天守であり、重要文化財となっている。地元の坂井市では、丸岡城国宝化推進室を設置し、天守を中心に詳細調査・研究を進めており、今後の進展が楽しみである。

丸岡城の掘立柱跡（『重要文化財丸岡城天守修理工事報告書』、1955 年）

さて、解体修理時の調査報告書によれば、一階中央の東西に並ぶ大柱は、天守台上に据えた礎石や土台の上からではなく、最深で3・3尺（約90センチ）の地中に据えた大盤石の上に据えられていた。これら地中の柱の周りには、厚板の根巻材と漆喰で覆われていたという。保存・耐久面から撤去されてしまったが、それまで地中の柱は残っていたようだ（詳しくは記述されていない）。

報告書中では、この柱が掘立柱であったとし、城に先行する神社建築に影響を受けたものであるとか、古墳の上に建てたものであるとか、諸説を挙げている。結局は特殊な構造であるとして、明確に結論を記していない。だが、諸説の中に挙げられる「柱の根元を強固にする」という点が重視されている。そして、このような状態を指して「いわゆる掘立柱となっていた」と述べられている。

一般的に掘立柱建物は、礎石建物に比べて恒久性を欠き、低級な印象を受けるものである。だが、掘立柱は長所も多い。地中に埋めて立ち上げるから、柱一本でも自立するし、梁・桁を組み上げていくうえで、作業効率は良くなる。礎石や土台の上に柱を建てようとすれば、柱一本一本の水準を揃える必要があるが、掘立柱ならばその必要はない。仮に柱が長すぎたら、上部を切り詰めたら済む。丸岡城のように、根巻材や漆喰で固めれば、地中に据えても腐朽の進行は抑えられる。そもそも、天守台は周囲の地表よりも高いのだから、上方ならば雨水は浸み込みにくい。

近年の発掘調査では、高松城（高松市）天守台からも、天守に用いられていた掘立柱が出土している（ただし、礎石も併用されている）。久保田城（秋田市）本丸表門でも、片側に三列並んだ柱のうち前・後は礎石建ちであるのに対し、中央は掘立柱であった。いずれも掘立柱ならではの安定性を利用しつつ、礎石と併用していたのであろう。いまとなってはなかなか確認が難しいが、江戸期には掘立柱建物、礎石と併用した掘立柱建物が、ここに取り上げた以外にも存在していたと考えられる。

ところで、丸岡城では近年、昭和十五～十七年に行われた解体修理時に撮影された写真が複数枚発見された。このうちの一枚には、天守台上に、天端石に並行する石列が写っている。このことから、天守台上の内側は一段低くなり、その底部に据えた礎石の上に一階の柱が立ち上げられていた可能性が考えられるようになった。

その場合、天守台が構築された当初は、中央部に穴蔵が存在し、その底部に据えられた礎石の上に柱が建てられていた。その後、何らかの理由（柱の腐朽か）で穴蔵が埋められた。そのため、あたかも掘立柱のように見えていた、といった理解もできるようになった。

そのような理解が正しいとしても、根巻材を漆喰で養生して埋め込んだ柱を何と呼ぶべきか、それも一種の掘立柱とみるかが論点となる。柱の腐朽が進んでいたとしても、根継ぎや新たな礎石を天守台上端近くに据えなかったのは、土を投入したほうが安定化・固定化につながると考えられたためかもしれない。その場合、発想的には掘立柱と近いものとなろう。

なお、穴蔵と表現したが、その深さは約90センチで、居室に利用できるほどの広がりはない。床下的な空間と考えられ、近年、整備された郡山城（奈良県大和郡山市）も同じタイプである。遺構上、穴蔵と評価されるものには、人の出入りを前提としない床下タイプと、人の出入りが可能なタイプに分けて考えるべきだろう。

（髙田　徹）

36 鯱が城の象徴となったのはいつか
——掛川《かけがわ》城の鯱瓦《しゃちがわら》

所在地：静岡県掛川市掛川
主な遺構：土塁・堀・太鼓櫓
主な城主：太田氏
石　高：五万石

掛川城は、天正十八年（一五九〇）に山内一豊《やまうちかつとよ》が城主として入城したことにより、近世城郭としての第一歩を踏み出した。慶長五年（一六〇〇）の関ヶ原の合戦後に一豊が土佐国に転封されて以降、藩主（城主）として十三家がめまぐるしく交替する。延享三年（一七四六）以降は太田氏七代が藩主となり、明治を迎えた。

掛川城といえば、平成六年に木造で建設された天守が著名だが、このほか国重要文化財に指定されている二の丸御殿、掛川市指定文化財の太鼓櫓が現存している。また、発掘調査後に整備された天守曲輪周辺や本丸東側の三日月《みかづき》堀・十露盤《そろばん》堀など、見るべき箇所は多い。

ところで、二の丸御殿の南側、道路を隔てた位置には公園（三の丸広場）がある。ここは平成八年に移転するまで、掛川市役所があった場所である。隣接する二の丸御殿も一時期、掛川町役場や掛川市庁舎等として利用されていたことがあった。

あまり目立たないが、かつて市役所正面玄関があった西側、道路に面したところには大きな鯱瓦が据えられている。台座に「掛川市役所」と記されたこの鯱瓦は、掛川城大手二の門の片側の棟を飾ったものである。この間近で見られる本物の鯱瓦も、掛川城を訪れた際には見落とさないようにしたいものである。

鯱は、頭が虎、体が魚の姿をした想像上の生物であり、防火の役割を担うとされる。現在知られる限り、最も早く城郭に用いられた鯱瓦は安土《あづち》城（滋賀県近江八幡市）で、以後の織豊期城郭、近世城郭では多用されるようになった。寺院や神社に用いられることもあり、寺院に関しては、須弥壇《しゅみだん》の勾欄《こうらん》や宮殿《くうでん》の棟を飾るものとして安土城以前から用いられている。近代以降は、民家にも鯱瓦はしばしば用いられた。

掛川城の鯱瓦

とはいえ、鯱といえば城郭である。では、城＝鯱というイメージが浸透したのはいつごろからなのだろうか。それは当然、鯱（瓦）がそれだけ城郭に多く用いられるようになった時期以降となろう。臼杵市立臼杵図書館蔵「慶長日向国絵図」は、慶長期の日向国内の城郭を立体的に描いている。いくらか定形的に、模式的に描いた面はあるが、平屋建物や櫓の棟には明らかに鯱を描いている。

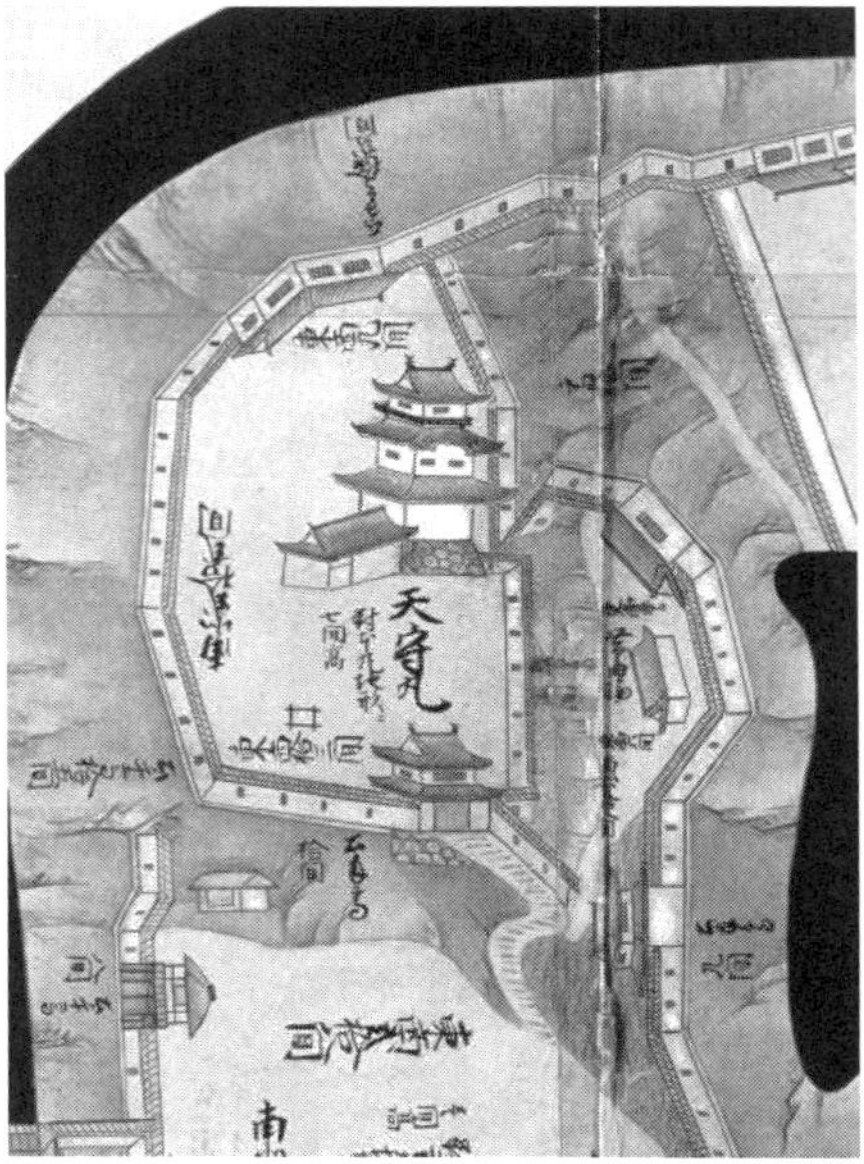

『正保城絵図』に描かれた掛川城の鯱　国立公文書館蔵

実際に鯱瓦が葺かれていたかどうかはともかく、慶長期には城の建物には鯱瓦がともなうというイメージが、九州南端近くの日向国でも定着していた状況を認めてよいだろう。城＝鯱瓦のイメージは、意外に早くに定着していたと考えられる。そして、鯱瓦の象徴性も自ずと高まっていたのではないだろうか。

再び掛川城に話を戻すが、『正保城絵図』を見ると、天守には尾鰭《おびれ》・胸鰭《むなびれ》が明瞭な鯱瓦を描いている。天守丸の門、二の丸の三階櫓、本丸南西の門も同様である。一方、天守の付櫓《つけやぐら》・天守丸の多門・本丸南東の門は、半円形あるいは斜線で鯱瓦を表現している。そして、一部の門や多門・長屋・番所等には、屋根に鯱が見られない。天守と天守付櫓では、鯱瓦を描き分けることによって建物の格を表しているのかもしれない。あるいは、絵師がいくらか簡略化した描写を行っているのかもしれない。

ただし、鯱瓦が描かれない建物については、概して軍事性が低い傾向がうかがえる。御亭《おちん》状の建物や、石垣をともなわずに二の丸を囲む長屋にも、鯱瓦は描かれていない。城内の建物のうち、すべてに鯱瓦が載せられていたわけではないのである。載せるべき建物もあれば、載せない建物もあった。この点、他の近世城郭でもほぼ共通していたといってよいだろう。北は福山《ふくやま》城（北海道松前町）、南は鹿児島《かごしま》城（鹿児島市）において、鯱を用いる建物がある一方、そうではない建物が城内には入り混じっていた。伊達藩領の要害の一つ、涌谷《わくや》要害（宮城県涌谷町）に現存する櫓には鯱瓦が上げられているが、これは伊達一門の要害だった格式を示すといわれる。一次史料で確認できるわけではないが、鯱瓦の有無が個々の建物の格、あるいは藩領内の支城の格式を示すとの見方・捉え方もあったわけで、そこに鯱瓦の象徴性を読み取ることもできる。

なお、津《つ》城（津市）では、明治初頭の古写真を見ると、三階櫓の上には鯱瓦が載せられていない。なぜ鯱瓦を載せなかったのか、理由は定かではないが、合理的な縄張りを求めた藤堂高虎が大改修した城郭だけに、あるいはシンプルさを求めた結果なのかもしれない。

現存建築で重要文化財に指定されている新発田《しばた》城（新潟県新発田市）の旧二の丸隅櫓は現在、大棟に鯱瓦が載っている。ただし、昭和三十五年に解体修理される以前は鯱瓦はなく、大棟にもその痕跡がみられなかった。解体修理報告書では、古くは鯱瓦が存在したとの立場を取るが、もともと存在しなかった可能性もあるだろう。

（髙田　徹）

37 軍事よりも遊興的な性格の強い櫓
——田中《たなか》城の御亭《おちん》

所在地：静岡県藤枝市田中
主な遺構：堀・土塁
主な城主：松平氏・水野氏・本多氏
石　高：四万石

田中城といえば、円形の曲輪を同心円状に連ねた「円郭式城郭《えんかくしきじょうかく》」として著名である。もっとも、円郭式とは輪郭式城郭《りんかくしき》の亜流にすぎず、田中城以外の例示は困難である。曲輪配置上の分類として、妥当であるとは思えない（曲輪配置の分類自体、さほど大きな意味を有しない）。そもそも、本丸は方形であり、外側に配置された曲輪形態も、仕切りが設けられる等、意外に複雑である。全体が円形に近いことは注視すべきだが、絵図で描写された形状は、多分に脚色されている面もあるので注意が必要である。

円形を呈した堀や土塁は昭和三十年代まで良好に残されてきたが、現在は本丸や一部の曲輪に堀と土塁を残す程度になってしまっている。そうしたなかで、城の南東に隣接する下屋敷跡は「史跡田中城下屋敷」として整備されている。廃藩後に城外に移築されていた茶室、仲間部屋《ちゅうげんべや》・厩《うまや》、そして櫓が再移築されている。元の位置にあるわけではないが、いったん城外に移築された城郭遺構が、これだけ集められているのは珍しい。加えて、下屋敷跡の庭園遺構も整備されており、共に見応えがある。

ところで、本丸櫓はかつて、本丸南東隅の土塁上に設けられていた。明治になって城外に移築されたが、藤枝市に寄贈され、現在の位置に移築されたものである。この櫓は二層二階であるが、一階と二階の平面が同規模となる重箱櫓である。特徴的なのは、①上層は寄棟《よせむね》屋根となる。②屋根はかつて、柿葺《こけらぶ》きか檜皮葺《ひわだぶ》きであったらしいが、現状では銅板葺きとなっている。③二階は板戸二枚の内側に、明かり障子を一枚入れる。小壁以外には壁を持たない。板戸を閉めると極めて閉鎖的となり、板戸を開けると開放的となる。④後の改変である可能性もあるが、内部は畳敷きである。⑤内部には長押《なげし》が打たれ、二階には棹縁《さおぶち》天井が吊られる、という点である。

田中城の御亭

櫓ならではの軍事性はほとんどうかがえず、むしろ居住性・遊興施設的な色合いのほうが濃い。藤枝市郷土博物館蔵「駿州田中城図」では、本丸南東隅の櫓は石垣上に築かれていたことが判明するものの、上層は寄棟であり、各階には窓がなく（板戸を閉めた状態か？）、現状の外観と大きく矛盾しない。

本丸南東隅の櫓は、かつて「御亭《おちん》」と呼ばれていた。「亭」とは、眺望や休憩のために、庭園等に設けられた風雅な施設である。呼称面からも、外観からも、そして内部構造からも、軍事を重視した櫓ではなかったといえよう。「駿州田中城図」では、本丸北西隅にも上層が宝玉造《ほうぎょ》りの櫓が描かれる。また、二の丸にあった御殿棟の中には、宝玉造りの屋根で、廻縁《まわりえん》・高欄《こうらん》を持ち、華灯窓《かとうまど》を配置した望楼状の建物も描かれている。

曲輪の隅や櫓台上部に設けられた櫓ながら、軍事性がうかがいにくいものや、あるいは御殿の一部に望楼を設けたものは、他城でも認められる。名古屋城（名古屋市）二の丸北西隅にあった逐涼閣《ちくりょうかく》は、二層二階ながら上層屋根は宝玉造り、廻縁・高欄を備え、開放的な造りであった。小松城《こまつ》（石川県小松市）天守台上に設けられた櫓も、上層は寄棟屋根であり、廻縁高欄を備え、内部は折上《おりあげ》の組み入れ天井を持った数寄屋風の建物であった。会津若松城《あいづわかまつ》（福島県会津若松市）本丸には、御殿に接して「御三階」と呼ばれる楼閣が存在した。御三階は、会津若松市内の阿弥《あみ》陀寺《だじ》に移築されて現存するが、上層は寄棟屋根で、上階には廻縁・高欄を備える。内部も居住性に富む造りとなっている。

城郭内の多層建築といえば、天守や櫓をすぐに連想しがちだが、田中城の御亭あるいは会津若松城の御三階のように、軍事よりも風雅・遊興的性格の強いものも存在していた。こうした建築は、室町期の金閣・銀閣等の楼閣建築の影響を受けたか、その系譜を引くものであろう。田中城本丸の櫓台に御亭が設けられたのは、東海道筋に存在する同城が、徳川将軍の宿館として利用された際の名残であったかもしれない。

（髙田　徹）

38

階段の勾配はなぜ急なのか
――彦根《ひこね》城の階段

所在地：滋賀県彦根市金亀町
主な遺構：堀・石垣・天守・櫓・門
主な城主：井伊氏
石　高：三十五万石

諸説あるが、彦根城は井伊直継《いいなおつぐ》によって慶長八年（一六〇三）に築城されたといわれる。以後、明治初頭まで、井伊氏三十五万石の居城となった。

国宝五天守の一つである彦根城天守は、慶長十一年に完成している。『井伊年譜《いいねんぷ》』には、大津《おおつ》城（大津市）の天守を移築したものであると記されている。関ヶ原の合戦時、大津城は西軍の猛攻を受け、戦後、「遂ニ落不申目出度殿主」であることから、徳川家康の命によって彦根城に移されたという。「落不申《おちもうさず》」とは、砲弾や銃弾に撃ちまくられながらも崩れ落ちず、耐え抜いたとの意味で、それゆえ、めでたいといわれたのだろう。

彦根城天守は、昭和三十五年に解体修理が完工した。その結果、他の場所にあった天守を解体し、移築したことが明らかになった。ただし、移築されたことが明らかになっただけで、それが大津城の天守であったかまでは明らかにならない。とはいえ、『井伊年譜』のいうように、大津城天守を移したと考えるのが最も自然である。

大津城は、天正十四年（一五八六）に築かれている。すると、彦根城天守（その先行天守）は、

彦根城天守の階段

現存最古の天守建築遺構である可能性も出てくるのである。

さて、彦根城天守は三層三階、穴蔵一階で、各階は階段によって結ばれている。階段の勾配は60～65度前後である。現代の住宅の階段ではおよそ45度前後の勾配だから、かなり急な印象をうける。また、踏面《ふみづら》も狭いため、観光客はゆっくりゆっくり、一歩ずつ足下を確かめながら上り下りしている。さらに、補助用に設けられた手すり、階段中央部に渡されたロープを握らなければ、危険である。

彦根城に限らず、他の城の天守や櫓の階段は、概して急である。そして決まって、「敵が攻め上がって来にくいように、急な傾斜となっている」といった説明が添えられている。しかし、よくよく考えてみれば、敵が上がるのも不便ながら、天守を守るべき味方にとっても不便このうえない。それに、上がるのは不便であっても、時間をかけてゆっくり上ればさほど大変ではない。

逆に、下ろうとする際には、恐怖心に煽られてしまう。足を踏みはずさないか、滑らないかという具合にである。実際、観光客は上りよりも下りの場合に、ゆっくりと慎重に移動している。これだと、上らせることよりも、むしろ下らせることを躊躇させるうえで有効という話になるのではないか。

そもそも、天守内部に敵の侵入を許した段階で、勝敗は決している。天守まで攻め込まれる状況等は、そうそう考えられるものではない。松江城天守では穴蔵から一階部分にかけて徹底抗戦の構えがみられるが、二階以上にはそうした意識がみられない。

防御的な観点でいえば、あえて階段の勾配を急にするメリットはほとんどないのである。ならば、別の観点で勾配が急である理由を考えてみなければならない。その理由は、①現代のような安全基準的なものがなかった。②階段の勾配を緩くすると、下階の利用できる範囲が限られてしまう、の二点があげられる。天守（櫓）の狭い各階を有効利用するためには、階段にともなう広がりをなるたけ少なくするべきである。そのためには、階段の勾配を急にするのが手っ取り早い。

もっとも、急だと感じるのは、現代建築になじんだわれわれの感覚にすぎない。当時の人々は、安全基準を満たした階段を眼にする機会はなかったのである。だから、急な階段しか見たことがなければ、不便さも危険性も、われわれほどは感じなかったのではないか。そういえば、城に限らず、寺院の山門《さんもん》に見られる階段も、城郭に負けず劣らず、急な傾斜である場合が多い。これについても同じ理由が考えられよう。

（髙田　徹）

39 装飾のために造られた廻縁《まわりえん》
――和歌山《わかやま》城の廻縁

所在地：和歌山県和歌山市一番丁
主な遺構：堀・石垣・天守台・門
主な城主：紀州徳川氏
石　高：五十五万五〇〇〇石

廻縁とは、部屋の周囲に設けられた縁である。室外にある場合は外廻縁となり、壁や雨戸等で室内に取り込まれている場合は内廻縁となる。廻縁を「まわりぶち」と読むと、天井と壁の間に打たれた横架材《おうかざい》を指し、意味がまったく違ってしまう。高欄とは、外廻縁の周囲に設けられた手すりである。

廻縁と高欄はセットになって、天守や二・三層櫓に設けられた。現存十二天守では、丸岡城（福井県坂井市）・犬山城（愛知県犬山市）・彦根城（滋賀県彦根市）・松山城（松山市）・高知城（高知市）がそれぞれ最上階に廻縁と高欄を備えている。丸岡城については、近年の調査研究により、当初は腰屋根《こしやね》であったものを廻縁に改修した可能性が高まっている。戦時中に、戦災もしくは倒壊した天守では、広島城（広島市）や福山城（広島県福山市）、そして和歌山城（和歌山市）が廻縁と高欄を備えていた。

ところで、和歌山城天守は昭和三十三年に鉄筋コンクリート造りにより外観復元されている。世に外観復元を謳う天守は多いが、大なり小なりかつての姿とは異なる部分がある。その中で、大垣城（岐阜県大垣市）と和歌山城の天守の外観復元は、極めて完成度が高い。古写真と比べても、違いを見出すのは困難である。あら探しをすれば、大垣城の再建天守はガラス窓を入れている点、和歌山城は廻縁を囲む安全手すりが設けられている点が焼失前と異なっている。あら探しと断ったように、これらは些細な点にすぎない。

和歌山城の復元天守の廻縁には、先述のように大人の胸くらいの高さに安全柵が巡らされている。廻縁を歩いていると気がつきにくいが、高欄は膝あたりの高さに巡らされている。つまり、かなり低いのだ。同様に、会津若松城（福島県会津若松市）と広島城の再建天守の高欄もかなり低く、上部に安全柵が巡らされている。現存天守のうち、高知城では高欄の上部に安全柵が付加されている。丸岡・彦根・松山城では、一般観覧者は廻縁に出ることができない。

和歌山城復元天守の廻縁

唯一、犬山城は安全柵をともなわない高欄が巡らされ、廻縁に立つこともできる。犬山城の高欄は大人の腰よりも少し低い程度だが、前方を遮るものはないから、周囲の眺望が十分に楽しめる。犬山城を除いた他の城では、安全面から転落防止用の安全柵を設置したり、廻縁への出入りを禁じている。

もっとも、丸岡・彦根・松山城では、廻縁が最上階の床面よりも高い位置にある。廻縁に上る常設階段もない。彦根城では下層の屋根が張り出すため、廻縁上を一巡できない。丸岡城では廻縁の幅が相当狭く、かつ高欄が低い。周囲を一巡するのは、かなりの覚悟と勇気を要する（立入禁止だが）。和歌山城でも、廻縁は大人一人程度の幅しかなく、廻縁上でのすれ違いは難儀である。

そもそも、天守の廻縁・高欄は、周囲を眺めるために設けられたものだったのか。そこに人が出入りすることを前提にしていたのだろうか。江戸期には、天守に登ることができる地位・役職にあった人間は限定される。現代の安全基準を当てはめることはできないが、歩きにくく、転落の危険をともなう構造がほとんどである。何らかの行事ごとに廻縁に城主等が出る機会を考えていたのならば、それに見合った造りとなっていてしかるべきであろう。天守を描いた絵画資料でも、廻縁に人が立つ描写をしたものを見かけない。和歌山城では廻縁に出る三階の戸はかなり大きい。よって、廻縁に出ずとも、十分に眺望は可能なのである。

高欄を備える建築といえば、五重塔・三重塔・多宝塔《たほう》がすぐに思い浮かぶ。これらの塔では、古代以来、多くが廻縁を備えず、廻縁のあるべき箇所に出入りする戸も存在しなかった。高欄は、装飾性の強いものであった。天守に設けられた廻縁・高欄の中には装飾性が強く、人の出入りを前提にしていなかったものもあったのではないか。


（高田　徹）

視点２

宝の山の『正保城絵図』

『正保城絵図』は、江戸幕府が正保元年（一六四四）に諸藩に命じて提出させた絵図群である。国立公文書館に現在六十三枚が収蔵され、昭和六十一年に重要文化財に指定されている。

これまで各種書籍でも取り上げられており、最近では千田嘉博『図説正保城絵図』（新人物往来社、二〇〇一年）で全体図と主要部の拡大図が掲載されている。ただし、細部の描写や注記を読み取ることは難しい。国立公文書館では、大判の絵図復刻資料を頒布していたが、これも読み取りにくいうえ、何より扱いにくいものであった。

ところが、現在は国立公文書館デジタルアーカイブにて全図が公開されるようになった。印刷・保存は言うに及ばず、部分拡大や画像の回転も可能で、細部の描写・注記が高精度で読み取れるようになった。拡大して観察してみると、実に多くの情報が読み取れる。宝の山だと言えよう。

本書でも、このデジタルアーカイブの恩恵を多く受けている。未見の方は、ぜひ一度ご覧あれ。

（髙田　徹）

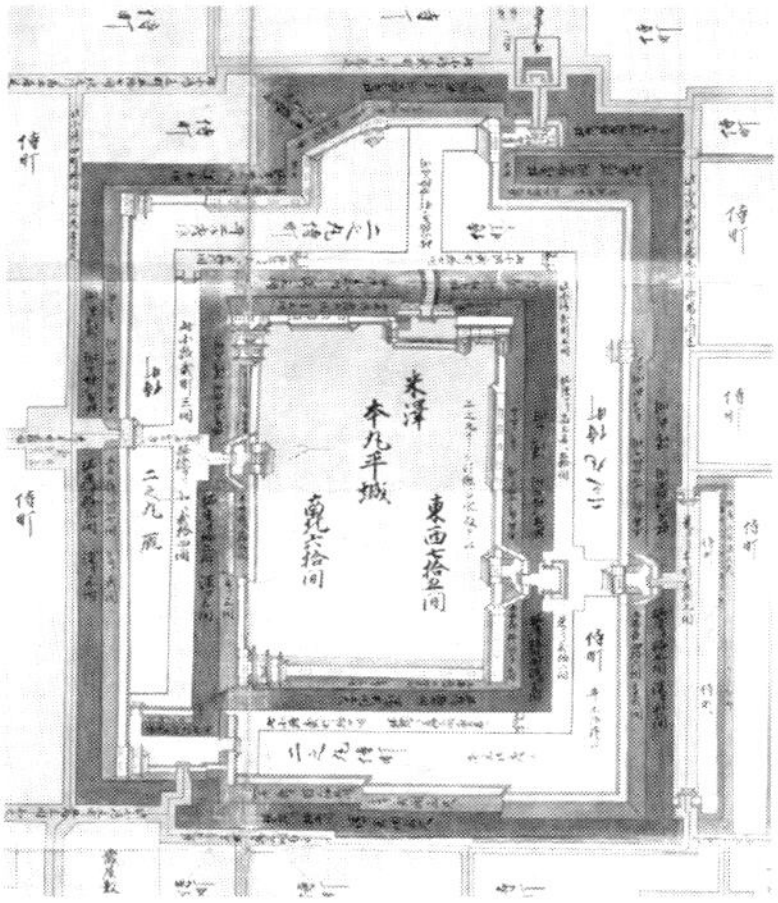

『正保城絵図』に描かれた米沢城中心部分
国立公文書館蔵

40 中門廊《ちゅうもんろう》から読み解く幕府の戦略
——篠山城《ささやまじょう》の中門廊

所在地：兵庫県篠山市北新町
主な遺構：石垣・堀
主な城主：松平氏・青山氏
石　高：五万石

平成二十年に熊本城（熊本市）、三十年には名古屋城（名古屋市）で、本丸御殿が資料に基づいて復元された。平成は御殿再建の時代といえる。このような動向の魁が、平成十四年に完成した篠山城大書院《だいしょいん》である。

篠山城は、八上城《やかみじょう》（兵庫県篠山市）の前田茂勝《まえだしげかつ》が除封されたことにより、慶長十四年（一六〇九）に新規に築城された。昭和十九年に失火で焼失するまで残っていた大書院も、それにあわせて建てられた可能性が高い。復元された大書院を訪ねると、北東隅に一間程度の張り出しがある。これが中門廊《ちゅうもんろう》（中門《ちゅうもん》）で、この御殿が寝殿造《しんでんづく》りの末裔であることを示す。

本来、中門廊は寝殿南側の広場を区画するもので、広場へ通じる中門が途中に開く。ただし、単なる仕切りではなく、建物への出入口や饗宴の場でもあったため、中門が塀重門《へいじゅうもん》となった後も残された。篠山城の書院のように、中心建物から直接張り出すのは、そのさらなる省略形であるが、『一遍上人絵伝』の大井太郎や『男衾三郎絵詞《おぶすまさぶろうえことば》』の男衾三郎の屋敷などにも描かれており、都市の下級貴族や地方の上級武士の建物では、早くから使われていたらしい。それが、室町時代

『上杉本洛中洛外図屏風』に描かれた細川管領邸　米沢市上杉博物館蔵

に入ると『上杉本洛中洛外図屏風』の細川管領邸《ほそかわかんれい》のように、都市の上級武士にも広がり、主殿造《しゅでんづく》りと呼ばれるものになった。

細川管領邸の中門廊は、南端から妻戸《つまど》と横連子窓、軒唐破風の妻戸と続き、あとは蔀戸《しとみど》とする（玉井哲雄他編『絵巻物の建築を読む』、『北道倶楽部』）。篠山城の場合も軒唐破風の妻戸があり、その隣には「実検窓」という名称で、中門廊の特徴である横連子が設けられていたようである。妻戸は「御車寄」と呼ばれており、牛車《ぎっしゃ》を使う貴人が出入りできるような格式を意図していたのであろう。一方、末端の妻戸は省略され、実際の出入りは、もとは下級者が使用した「色《しき》（式）台《だい》」や「侍廊」などから発達した玄関に役割を譲っている。また、蔀戸も落縁まわりの雨戸に代わっており、これは少し不細工にみえる。

このように、由緒正しい中門廊であるが、御殿での

上：篠山城の中門廊と御殿　下：篠山城大書院（古写真）

使用が確認できる近世城郭は意外と少ない。絵図をみても江戸城（東京都千代田区）や仙台城（仙台市）の本丸御殿などわずかで、現存する二条城二の丸御殿（京都市）をはじめ、さきの熊本城御殿に行っても見ることはできない。

聚楽第（京都市）には「折れ中門」が存在したようだが、中井家絵図をみるかぎり、大坂城本丸の御殿にはそれらしき張り出しはなく、豊臣期でも必須ではなかった。毛利時代に遡る可能性が指摘される広島城本丸御殿（広島市）や、篠山城と同じく、関ヶ原合戦後から大坂の陣までの間に建てられた名古屋城本丸の表書院にもない。

一方、絵図では元和以後でも福井藩江戸龍ノ口《たつのくち》屋敷や熊本藩江戸芝下屋敷など、江戸の大名屋敷では中門廊が使われている。明暦大火《めいれきたいか》の後の再建では、これら大名屋敷でも中門廊を造らなくなるので、再建後も幕末まで中門廊を造り続けた江戸城本丸御殿をもって、中門廊が幕府を象徴する様式となったともいわれる。

そのなかで、篠山城では江戸時代の終わりまで中門廊を伝え続けた。熊本城御殿の事例は、復元された御殿の建設時期が細川期まで下る可能性もあるが、広島城のように、近世中期以降の絵図しか残らない場合は、改築などで当初の中門廊が取り除かれたとも考えられよう。篠山城の場合、近隣の姫路城（兵庫県姫路市）や明石城（同明石市）が、御殿を本丸から三の丸へ移すのに対し、曲輪の名称を「殿守丸」から本丸へとずらすことで、御殿の位置も順繰りに本丸から二の丸にしてしまった。五万石の小藩では、最後まで御殿の改築ができなかったということかもしれない。

ただ、聚楽第は行幸を迎えるためのものであり、大名屋敷も将軍の御成《おな》りが想定される。まったくの空想ではあるが、幕府の様式となった中門廊を篠山城に残したことに、有事において京の貴人を避難させるといった幕府の戦略を読み取ってみるのも、近世城郭の楽しみである。

（多田暢久）

41 壁の内側は不要資材をリサイクル
——姫路《ひめじ》城の壁《かべ》

所在地：兵庫県姫路市本町
主な遺構：天守・櫓・門・石垣等
主な城主：池田氏・榊原氏・酒井氏
石　高：五十二万石

昭和三十年代に実施された「姫路城昭和の大修理」では、現存する建物のほぼすべてが解体された。そのため、外観だけでは予想できなかった事実がわかることがあった。例えば、写真1は「りノ櫓」跡に築かれた土塀である。明治十五年（一八八二）の備前丸《びぜんまる》火災で類焼した後に土塀に改変されたもので、壁体を平瓦積み込みにして築いている。壁土は少量で済む、非常に簡便な工法であり、ここまで簡略でなくても、類似した構造の建築物が城内にはいくつか存在したことが、この大修理で判明している（写真2）。

ところで、姫路城は池田輝政によって大改修されたが、本多忠政《ただまさ》が西の丸のほかに三の丸にも本城や武蔵野などの主要な御殿群を建てたとされているから、近世城郭としては本多忠政の時代に画期を求めることができる。しかし、その近世城郭に不可欠な御殿建築は消滅してしまった。築城当初からの建物が数多くまとまって残っているだけに、かえって不均衡さが目立つ遺跡でもある。それでも、姫路城は「美しい」という感覚的な言葉で賞賛される。それは、厳重な壁に覆われた建物ばかりで、白漆喰で塗り込められた外壁が非常に目立つからである。

そして、同じ壁の範疇に含まれるものとして、土塀が挙げられる。土塀は建物の構造材ではないが、戦国期の縄張りを踏襲する姫路城では、とくに山城域で通路が迷路状に走っている。通路は姫山《ひめやま》の斜面に沿うように走っているので、斜面の反対側、つまり平地側には土塀が多く築かれ、延長距離も長くなる。建物だけではなく、畳み上げられた土塀も「美しい」を醸成する重要な要素なのである。こうした土塀のほとんどが、芯を版築《はんちく》で築いており、強度が追求されたものであるという。ただ、実際は版築よりも練壁のほうが多いのではないだろうか。

上：写真１　りノ櫓跡の土塀
下：写真２　カの櫓北方土塀石落し跡の解体状況

　消滅した御殿群も、土塀によって曲輪内部を仕切って機

能分化を企図したとみられるので、総延長にしてみると、かなりの長さがあったことになる。

こうしてみると、姫路城の城郭施設を構成するもので、壁の占める割合が極めて大きいことが改めて確認できよう。実際、この点に関連して、姫路藩主の認識が少し垣間見ることのできる史料がある。

寛延三午年二月廿六日

一爰許は御城向大ク候故御作事之場所甚多候、殊ニ去年以来は別而大御普請共ニ候間、御修覆元方ハ不及申立合中目付小奉行共随分遂熟談、御為ニ可罷成儀ハ少も所存を不残申談、竹木鉄物等御買上之節は入札念入其品之善悪稠ク致吟味候、商売之致方も前橋とは違候間、心付可有之事ニ候、諸職人とも申付候儀も御大工共江得と申渡、同様ニ相見へ候中も細工之遅速等心付可申候、御天守御修覆之儀は日々心付不及大破様可致候、白土等表向計心付不申第一石垣等ニ緩ミ有之候哉、毎度相廻可致吟味候旨被　仰出候

二月

この史料は、酒井家の姫路転封にあたり、藩主酒井忠恭《ただずみ》から国許の重役に宛てた「被仰出書」の写しとみられ、同家の家法集となる「姫藩典制録《きはんていせいろく》　六」に収録されている（播磨古文書研究会『姫藩典制録』〈播磨古文書研究会、二〇〇一年〉）。城郭のメンテナンスに関わる指示で、「白土等表向」、すなわち目立つ外見ばかりではなく、石垣にも目配りをしろという。姫路城下を参勤交代で通行

する諸大名の目に晒される特殊な状況もあるが、外見にばかり気が向きがちなのを諌め、さらに修復に要する資材は入札で購入し、品質の善悪を見極めよと指示する。つまり、まずはコストの熟考を求めているのである。

そうすると、外見に拘泥する必要がなければ、不要資材の再利用があっても不思議ではないし、それが当然である。西小天守三重南面壁下地には、さまざまな形の瓦片が壁体に埋め込まれていたが（写真３）、これなども、壁体の強度向上と材料の再利用が図られた典型例であろう。

写真３　西小天守三重南面壁

忠恭は、コスト減要求の背景に「爰元ハ御城向大ク候故御作事之場所甚多」いことを挙げる。前任地の前橋に比べ、修理箇所は多く、経費は膨大に違いない。その分、多量の不要資材が排出されるから、それらを再利用することも多かったはずである。上塗りで隠蔽できる壁とは、不要資材を再利用するのには適当な建築物であったのだろう。

そう考えると、北腰曲輪にあった「古瓦蔵」（「鷺城御櫓並御門等覚」〈姫路市史編集室蔵〉）とは、リサイクル用瓦の備蓄倉庫だったのかもしれない。

（工藤茂博）

42 トイレが設置された場所はどこか

――備中《びっちゅう》松山《まつやま》城の雪隠《せっちん》

所在地：岡山県高梁市内山下
主な遺構：石垣・堀・天守・櫓
主な城主：板倉氏
石　高：五万石

備中松山城（以下、松山城）は、明治の廃城後、標高約420メートル（比高約360メートル）の山上に設けられた本丸・二の丸等の建築遺構のほとんどは崩れ落ち、荒れるがままになっており、天守も崩壊直前の状態に近くなっていた。昭和になって、まず本丸二重櫓が解体修理され、次いで天守が解体修理された。荒廃時期が長かったため、失われた部材が多いのは残念である。それでも、平成九年の本丸整備完工によって、本丸内部にあった平櫓・土塀が整備され、城郭としての偉観をかなり取り戻したのは嬉しいことである。

さて、本丸の南側にある二の丸の南西隅には、面白い遺構がある。長さ約2．5メートル、幅約1．3メートル、深さ約1．5メートルで、底部の状態は不明だが、四面に石垣を巡らした竪穴遺構である。やや位置・方位がずれたかたちで、南北に二つ並んでいる。このうち、北側の遺構は石段をともなっていて、下へ降りられる。近くに立つ石碑には「雪隠」とあり、これらが厠《かわや》・便所の遺構であることを伝えている。

寛延二年（一七五〇）に作成された「御山城・御根小屋相改候覚」には、松山城の山上・山麓（御根小屋）にあった建物・諸施設の詳細が記されている。これには、二の丸に「一　雪隠　一カ所五仕切（三間五尺）　前掛塀　四間」とある。長さ三間五尺を五つに仕切れば、一つの長さは1.5メートルほどとなる。広くはないが、用を足すだけなら十分な広がりであろう。「前掛塀」とは、雪隠それぞれの入り口の前に設けられた、目隠し的な塀であったと考えられる。曲輪を囲む塀としては短すぎる。雪隠の三間五尺という規模は、前記した竪穴の一つの長さにほぼ対応する。その場合、竪穴の中に便瓶を据え、石段を使って汲み出したのではないかと思われる。

備中松山城の雪隠跡

　ところで、江戸期の松山城の山上は、三の丸の足軽番所に常駐するわずか四人の山城番人によって警備・管理がなされていた。ところが、幕末の文久三年（一八六三）になると、番人は二〇名に増加され、加えて取次役、徒目付《かちめつけ》各一人が常駐するようになる。竪穴が二つ存在するのは、幕末になって山城番人の増加にともない、雪隠が増設された結果ではあるまいか。

　なお、正徳～延享期に作成されたと考えられている「備中松山図」（亀山市蔵）では、三の丸の足軽番所近くに二つの雪隠を描く。絵図中の雪隠は、方形の囲みの中に楕円形を描くのを通例とするので、容易にその位置が判明する。ただ、この絵図では二の丸に雪隠を描いていないので、前記史料や現況遺構との関わりがいま一つ不明である。

ここまで触れなかったが、「御山城・御根小屋相改候覚」では、実はもう一ヶ所、雪隠の存在を記している。「御三階下　雪隠　一ヵ所　但　三仕切」とあり、御三階（実際には二階）すなわち天守の下にも雪隠が存在した。「備中松山図」を見ると、天守西側にあって一段低い位置にある廊下の北西側に雪隠が確認できる。絵図に従えば、廊下から張り出すように設けられ、南北に三つに仕切られて並んでいる。このうち北端の雪隠は、天守の外側から出入りしたように描かれている。南側の二つは、出入り口が明瞭ではないが、廊下側、つまり天守内部側から出入りしたとみられる。

現存する松山城の天守・廊下には、雪隠は見られない。廊下部分は、昭和十四年に解体修理が行われる以前に倒壊していたため旧状が不明であり、復原が困難であったのである。天守に付属する廊下から突き出した雪隠は、どのような構造だったのか。石垣から突き出すように設けられていたのならば、さながら熊本城（熊本市）大天守一階にある雪隠のような造りとなる（一階床面があたかも石落しのように石垣より張り出す）。松山城の場合は、石垣が低いので斜面側から柱を建ち上げていたのかもしれない。

雪隠は城郭において不可欠であり、どこの城郭にも存在したのであるが、現存例は限られているうえ、細部構造が判明する事例は限られている。姫路城（兵庫県姫路市）大天守にも存在するが、使用された形跡がない（通常は非公開）。大天守の雪隠は家臣層が使うようなものではないうえ、城主が天守に出入りする機会がほとんどなかったためかもしれない。あるいは、城主は使用しているが、痕跡を残さない使い方をしていたのかもしれない。

雪隠の設けられる場所は、概して目立たないが、利用勝手のよいところを選んでいたと思われる。今後検討を深めなければならない遺構の一つであるといえよう。

なお、姫路城大天守の雪隠は、金隠しがあり、しゃがんで用を足す造りとなっている。小用の朝顔便器といえば、男性の専売特許のように思える節があるが、少し前までは女性が用いる場合もあった。漏れ聞くところによると女性の場合、後ろ向きになって立ち、尻を突き出すようにして小用を足すらしい。江戸期の城郭に朝顔便器があったとすれば、それは男性用であったと決めつけることはできない。復元建築ながら川越城（埼玉県川越市）の本丸御殿には大小両用の便器がある。

（髙田　徹）

川越城の便器

43 雨戸を開けた状態が本来の姿か
——岡山《おかやま》城の雨戸《あまど》

所在地：岡山県岡山市北区丸の内
主な遺構：石垣・堀・月見櫓・西手櫓
主な城主：池田氏
石　高：三十一万五二〇〇石

昭和二十年に戦災を受けるまで、岡山城には国宝の天守・石山門《いしやまもん》が残されていた。現在、城内に残される建築遺構は、西の丸西手櫓と本丸中段北西隅にある月見櫓のみである。月見櫓は、二重二階穴蔵一階の造りである。穴蔵といっても、北・西面の二面のみが石垣で囲われた形となっており、府内城西丸二階櫓（大分市）や姫路城天守（兵庫県姫路市）に類似する造りであった。

この櫓の東西南北面の破風や窓の配置・形態は、一律ではなく変化に富む。例えば、一階北側の出窓屋根は片流れであるのに対し、西側の出窓屋根は唐破風である。二層の南・東側は寄棟であるが、南側には軒唐破風をつける、という具合である。最上階の北側は唐破風の出窓を設け、黒漆で塗られた格子を中央に配置している。西側は、妻飾りを狐《きつね》（木連《きつれ》）格子《ごうし》とする入母屋を配置するが、いずれも壁は漆喰塗を基調とする。

これに対して最上階の南・東側は、ずいぶんと様相が異なり、全体が茶色の板で覆われたような造りになっている。子細に観察すればすぐにわかるが、それは板ではなく雨戸である。さらに、南側では西端、東側では北端にそれぞれ雨戸を格納する戸袋《とぶくろ》がついていることにも気づくはずだ。普段の月見櫓最上階は、雨戸によって閉じられた状態になっている。

もっとも、月見櫓は毎年の文化の日前後に一般公開される。このおりには、雨戸は開けられ、普段とは違った月見櫓の姿を見せてくれる。いや、雨戸を開けた状態こそ、月見櫓の本来あるべき姿なのだ。雨戸のすぐ内側には高欄・廻縁があるが、雨戸があることにより、高欄・廻縁は雨水で濡れることはない。当然ながら、朽ちるリスクは回避される。必要な時にだけ、雨戸を開閉すればそれで済むのである。高欄の内側には、腰高障子が入れられている。その上部には内法長押《うちのりなげし》も打たれており、居宅的な様相が強い。

岡山城月見櫓の雨戸

腰高障子を入れた状態で建物が維持できるのは、やはり雨戸のお陰なのである。腰高障子を入れることにより、二階内部には光が注ぎ、開放的になる。筆者は確認していないが、月見櫓からは実際に月が望めるらしい。

城郭の櫓建築では、雨戸・戸袋の導入によって外観意匠を変化させることができたし、居宅性を高めて、その優雅な容姿を遠方からでも望ませることができるようになったのである。御殿建築では、とくに雨戸・戸袋が多用された。むしろ御殿建築での使用が、天守への使用を触発させたとみるべきであろうか。

実は、熊本城（熊本市）の天守も、最上階の高欄・廻縁を雨戸で囲い込んだ造りであった。古写真を見ると、雨戸で最上階全体を覆ってしまった状態も確認できるし、雨戸を戸袋に引き込んだ状態も確認できる。ただ、昭和三十五年に再建された天守では、戸袋は再建されなかった。戸袋もないから、当然、雨戸も再建されていない。戸袋の位置にはガラス窓を入れたため、眺めは良くなったが、厳密な意味での外観復元とはいえない。ちなみに、小天守では戸袋が再建されたが、雨戸の有無は確認できないままでいる（地震後、立ち入りできないため）。

さて、城郭建築で「雨戸」が確認できる初見は、聚楽第《じゅらくてい》（京都市上京区）大広間図である。慶長十五年（一六一〇）に築かれた名古屋城では、指図《さしず》によって戸袋が確認できることから、現在見られるような雨戸・戸袋が成立していたと考えられる。雨戸・戸袋が成立する以前は、一本の戸溝を彫ったうえで、外側・中央の戸溝に舞良戸《まいらど》一枚を入れ、最も内側の戸溝に腰高明かり障子を入れるという造りが多かった。しかし、これだと舞良戸を格納する場所がないので、十分な採光を得ることができなかった。雨戸・戸袋の採用は、城郭建築の居住機能を格段に高めることに貢献したのである。

（高田　徹）

44 伏見《ふしみ》城からの移築が確実な遺構
――福山《ふくやま》城の伏見櫓《ふしみやぐら》

所在地：広島県福山市丸之内
主な遺構：石垣・天守台・櫓・門
主な城主：水野氏・阿部氏
石　高：十一万石

今は干拓されてしまったが、かつては巨椋池《おぐらいけ》を見下ろす丘陵上に築かれていたのが、伏見城（京都市伏見区）である。伏見城は、文禄元年（一五九二）に豊臣秀吉の隠居城として築かれたが（指《し》月《げつ》城と呼ばれる）、文禄五年に大地震によって壊滅的被害を受けた。ただちに、隣接する木幡山《こばたやま》に築城が開始され、慶長二年（一五九七）に完成している（木幡山城と呼ばれる）。だが、この城も慶長五年の関ヶ原の合戦時の攻防で焼失した。その後、徳川家康は木幡山の地に城郭を再築したが、元和五年（一六一九）に役割を終えて廃城となっている。

京都市近郊には、伏見城から移築されたと伝わる門や御殿の一部等が寺院や神社に残されている。それらの多くは、見事に彫刻された蟇股《かえるまた》や組物《くみもの》等を備えていて、桃山時代の豪華絢爛さを感じさせてくれる。もっとも、移築にともなう痕跡が見出せなかったり、伝承の出所自体がはっきりしないものがほとんどで、後世のこじつけであるものが相当多い。

ところで、各地の城郭には「伏見櫓」と呼ばれる櫓が存在した。江戸城（東京都千代田区）、大坂城（大阪市中央区）、尼崎《あまがさき》城（兵庫県尼崎市）、岸和田《きしわだ》城（大阪府岸和田市）、そして福山城が挙

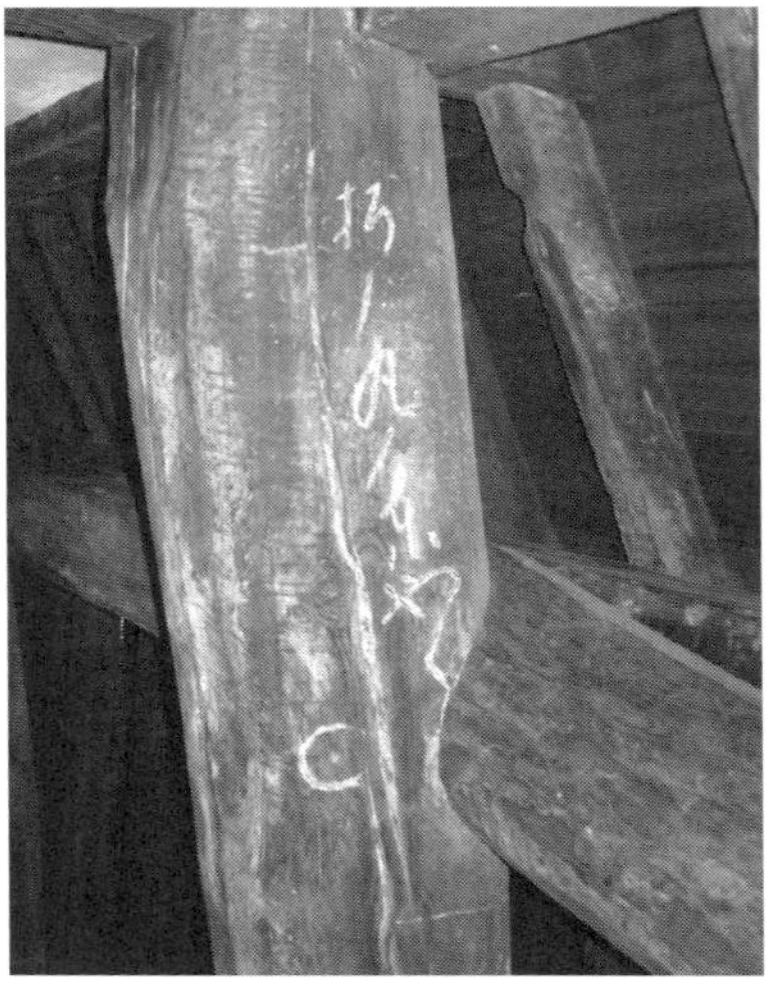
福山城伏見櫓２階の梁の線刻（文字が読めるようにした）

げられる。このうち、江戸城の伏見櫓は関東大震災で倒壊した後に建て直されているため、詳細は不明である。大坂城の伏見櫓を戦前に調査した城戸久氏によれば、内部構造に古式を止めるところはなかったらしい。さらに、城戸氏は文献史料を検討した結果、伏見櫓の呼称は江戸中期を遡るものではない、と言及している。

こうしたなかで、福山城の伏見櫓は、伏見城の松の丸櫓を移築したことが確実な稀有な例である。というのは、『水野《みずの》系譜《けいふ》』等に関連する記述が見られるうえ、櫓二階の梁には「松ノ丸ノ東やくら」の線刻が見られるからである。江戸期には、伏見櫓以外の戸柱にも同様の線刻が見られたらしい。いずれも、家康によって再築された伏見城の遺構と考えられるものである。

「松ノ丸ノ東やくら」の線刻は3ミリ程度の深さで、上部で交差する桁に一部線刻が覆われてしまっている。そのため、「ら」字がほとんど見えなくなっている。このような線刻が施されたのは、いつの時点であったのか。

少なくとも、福山城での建築後に追記できるような位置にはないから、①伏見城で櫓を建設する前、②伏見城で櫓を解体したとき、もしくは部材を移動させたとき、③福山城へ持ち込まれたとき、のいずれかになる。常識的に考えれば、②のときであろう。その際に、あえて「松ノ丸ノ東やくら」と固有名詞を線刻したのは、伏見城にあった複数の建造物が移築対象となり、それぞれの部材を区別し、個別に建て直すことを前提にしていたためではないだろうか。

福山城の伏見櫓は、昭和二十八年に解体修理され、その折に前記の線刻が見つかっている。しかし、解体修理にともなう調査報告書は未刊行であり、調査成果の詳細は明らかにしえない。戦前、そして戦後の早い時期の解体修理では解体修理報告書が刊行されず、関連史料が散逸している例もいくつかある。線刻だけではなく、柱や梁の痕跡を通じて、先行建築の姿が明らかにできたかもしれないだけに、残念である。将来、再び解体修理が行われる際に解明できる余地はあるが、部材が入れ替わっている部分に関しては旧状を知りえない。

この櫓の一階と二階は同じ大きさで、それぞれ長方形を呈する。二階の入母屋の上に三階部分を載せた、いわゆる望楼型の櫓となる。移築に際して、どの程度の改修・改変がされているかは不明である。ただ、線刻のある梁は、途中で継がれているものの、当初材を止めている。すると、梁行に関しては移築前と変わりないという点は確かであろう。なお近年、福山市では伏見櫓と筋《すじ》金《がね》門の国宝化を目指し、基礎資料調査にも着手している。

（髙田　徹）

45 室内保護のために覆われた窓 ——広島《ひろしま》城の華灯窓《かとうまど》

所在地：広島県広島市中区基町
主な遺構：堀・石垣・天守台
主な城主：浅野氏
石　高：四十二万六〇〇〇石

広島城は、毛利輝元《もうりてるもと》によって天正十六年（一五八八）から築城された。五層五階の天守は、遅くとも文禄元年（一五九二）以前に完成したようである。明治初期に小天守は撤去されたが、天守は残り、昭和六年には国宝となっている。しかし、昭和二十年の原子爆弾投下による爆風によって倒壊し、やがて部材も失われた。現在、天守台上にあるのは、昭和三十三年に鉄筋コンクリート造で建てられた再建天守である。戦前に撮影された古写真と見比べると、比較的忠実に外観復元されていることがわかる。もっとも、窓の配置や構造には違いも見られる。

何よりも目立つ違いといえば、最上階の華灯窓部分である。再建天守では、華灯窓が最上階の四面に、廻縁への出入り口の左右に一つずつ、合計八つ設けられている。

華灯窓（火灯窓とも）は、框《かまち》が釣鐘形をした窓であり、元は禅宗《ぜんしゅう》建築に多く用いられていた。城郭では、天守・櫓・門・数寄屋建築等に用いられている。

古写真に写された広島城天守は、最上階の華灯窓が見えないものがとても多い。それは、華灯窓が四角い板戸で覆われていたためである。詳細はよくわからないが、金具等で内法長押に板戸を引っかけていたのではないかと思われる。「華灯窓が見えないものがとても多い」と書いたが、華灯窓が見えている古写真もあるにはある。ただ、八つの華灯窓すべて（写真上では、最大四つの華灯窓しか確認できないが）が現われた写真を、筆者は見たことがない。せいぜい、一ないし二つの華灯窓が見えるに止まっており、他は板戸で覆われた状態になっている。何より、板戸によってすべての華灯窓が覆われた状態になっているものが圧倒的に多く、それが戦前の日常的な姿であったのである。

広島城天守の華灯窓

では、せっかく設けた華灯窓を、なぜ板戸で覆ってしまっていたのであろうか。これは、華灯窓の構造面から考えてみる必要がある。再建天守の華灯窓は、釣鐘形をした框の中に格子が入り、内側にはガラス戸が入る。対する倒壊前の天守では、ガラス戸が入れられていない。江戸期には、明かりを取るためにせいぜい明かり障子が入れられる程度ではなかったか。明かり障子の有無はともかく、板戸がなければ雨が室内に降り込みやすい。最上階だけに、風も強く吹き抜け、室内が傷みやすくなる。よって、普段は板戸で華灯窓を覆い、保護していたのだとみられる。

江戸期に描かれた絵図では、『正保城絵図』も含めて、最上階は板戸で覆われた外観として描くものがほとんどである。何らかの行事ごと、あるいは風通しの機会にのみ板戸は取り外されたのではないだろうか。再建天守のように華灯窓を常時現している姿は、ほとんどなかったことだろう。

同じことは、昭和二十年まで現存していた福山城（広島県福山市）の天守についてもいえる。この天守も最上階に華灯窓があったが、古写真によると格子がなく、窓框だけの状態になっていた。福山城天守は、江戸期のある時期に、廻縁の周囲をぐるりと板戸で囲い込むようになった。そのため、窓框だけの状態であっても直接風雨が吹き込む心配はなかった。しかし、周囲を板戸で囲い込む以前は、常時、華灯窓が姿を現していたとは考えにくい。そんなことをすれば、たちまち室内が傷んでしまうのは自明である。こうしてみると、華灯窓は日常的にその姿を現すようなものではなかったと考えられる。

ちなみに、現存する犬山城（愛知県犬山市）天守は、合計四つの華灯窓が最上階に認められる。犬山城天守の華灯窓は、古写真でも現在でも、常時その姿を現している。もっとも、犬山城天守の華灯窓は、平たくいえばフェイクである。窓としての機能を果たしていない。華灯窓の框・格子を壁に貼り込んだような造りであり、室内側から見ると、該当部分は壁になっている。窓の形態ながら、窓本来の機能を持つものではないのである。

（髙田　徹）

46 石垣には適合しにくい折塀《おりべい》 ――徳島城《とくしま》の折塀

所在地：徳島県徳島市徳島町
主な遺構：石垣・堀・庭園
主な城主：蜂須賀氏
石高：二十五万石

徳島城は、天正十三年（一五八五）に築かれて明治六年（一八七三）に廃城となるまでの間、蜂須賀《はちすか》氏十四代の居城であった。転封を受けず、大規模な改修を受ける機会がなかったためか、山上の縄張りは地形に合わせて鈍角に折れ、積み方も古層を止める部分が多い。『正保城絵図』では、山上は虎口部分に設けられた門と、二棟の櫓を描くのみである。その石垣上には、土塀がまったく描かれていない。『正保城絵図』作成時にはすでに山上部の機能が低下し、あまり手が加えられない状況になっていたのかもしれない。

これに対して山麓部では、三重櫓や多門・土塀によって囲い込まれる。塁線も直線的なところで占められ、山上の様相とはずいぶんと異なる。江戸期には山麓部が城郭の実質的な中心になっていたとみられる。このうち、南側を流れる寺島川沿いの石垣上に設けられた塀には、『正保城絵図』は三角形の突き出し部を七ヶ所にわたって描く。この塀（一部多門を含む）は茶色で描かれており、壁面を白色で描く多門や櫓とは区別する。板塀のようにみえるが、狭間は描かれていない。狭間については、描写上省略されたのか、もともとなかったのか不明である。

塀に設けられた三角形の突き出し部は、折塀《おりべい》である（正確にいえば、三角形の突き出しを設けた全体が折塀）。折塀とは、塀を三角形（内折と外折がある）あるいはコの字型に内側に折り曲げたものである。塀を折り曲げる目的は、構造的に塀を安定させ、防御上、横矢掛かりの陣地とすることにある。徳島城の場合は石垣上に設けられた塀に設けられていたが、一般には土塁上に設けられた塀に多用される。土塁上に塀を設ける場合、上端から少し引いた位置に設ける必要がある。上端の上に塀を設けると、重みで土塁が崩落しやすくなる。そのため、あえて上端から引いた位置に塀を設けるのである。

もっとも、それだと土塁上端と塀の間が広がってしまい、防御面で死角が生じる。そこで、部分的に塀を外側に折り曲げておけば、土塁にそれほど重量がかからないし、横矢掛かりを効かせて死角をなくすことができる。単調に延びる土塁にあっては、折った塀は防御上のアクセントとしても有効なものとなった。ただし、内側に折り曲げた屛風折の場合は、防御面よりも強度面での期待が大きかったことだろう。

このように、折塀は土塁になじむ遺構である。逆に石垣には、適合しにくいものである。石垣の塁線上端には、直接塀を建てられるが、三角形部分を石垣よりも外側に張り出させなければならない。すると、塀が構造上脆弱になるし、横矢掛かりの陣地としようとするならば、石垣から張り出して床を設けなければならない。構築が煩わしいうえ、維持管理も難しい。

では、徳島城の場合はどうだったのか。折塀は現在残っていないが、「舌石《したいし》」と呼ばれる遺構が残っている。石垣法面の下方に、ちょうど舌を突き出したようになった石が七つ見られる。この石の上に柱が乗り、折塀の突き出した柱を支えていたといわれる。ただし、具体的に柱がどう立ち上がり、床がどのようになっていたのか、詳しいことはわからない。仮に柱を舌石の上にまっすぐ立ち上げていた場合、石垣上端からの突き出しはそれほど大きなものとはならない。わずかに張り出すといった程度になる。徳島市立徳島城博物館蔵の模型では、舌石から外側に向かって斜めに柱が伸びたようになっているが、それが正しい姿を現しているかは不明である。

島原《しまばら》城（長崎県島原市）や篠山城（兵庫県篠山市）でも、石垣上に屏風折れの土塀があったように描く絵図が見られるが、詳細は不明である。徳島城でも省略されている可能性もあるが、舌石に関わる描写は見られない。そもそも石垣の下部に舌石を設け、柱を立ち上げる構造自体が脆弱なのである。見栄え的にもあまり格好のよいものではない。軍事性が向上するとも考えにくい。現段階では断定できないが、舌石は折塀の機能がたぶんに形骸化した時代の産物なのかもしれない。

徳島城の舌石

（髙田　徹）

47 「天守」と呼ばれなかった天守

——丸亀城《まるがめ》の三階櫓《さんかいやぐら》

所在地：香川県丸亀市一番丁
主な遺構：天守・門・石垣・堀
主な城主：生駒氏・山崎氏・京極氏
石　高：五万一〇〇〇石

現存十二天守の構成は、国宝5件、重要文化財7件である。重要文化財中の丸亀城「天守」は三層三階で、最も規模が小さい。それでも、累々と積み上げられた石垣の頂部にそびえる「天守」は、遠方からでもよく目立ち、シルエットの状態であっても、天守らしさを十分に伝えている。明治初頭に解体される以前の本丸には、四棟の櫓が築かれ、「天守」と多門（多聞櫓）は土塀によって連結され、いわゆる「連立式天守」の姿に近かった。

もっとも、丸亀城の現存「天守」は江戸期には「天守」と呼ばれていなかった。「天守」と呼ばれるようになったのは、明治以降になってからである。それまでは「御三階」「御三階櫓」等と呼ばれていた。一般に、櫓一般は単調かつ規格化された外観であり、城内側には窓を設けないか、少なくする傾向がある。これに対して、丸亀城「天守」は、四面に窓を設け、四面それぞれの外観意匠も変化させている。規模・位置・外観的には、天守とみなしても何らおかしくない。現にいまは、「天守」と呼ばれているのだ。

では、江戸期にはなぜ「天守」と呼ばれなかったのか。これには、丸亀城の築城（改修）時期の問題が関係すると考えられる。丸亀城は、讃岐一国を所領とした生駒《いこま》氏によって築かれた。生駒氏の居城は高松《たかまつ》城（高松市）だったから、丸亀城は領内の支城という位置付けである。そのため、元和元年（一六一五）の一国一城令《いっこくいちじょうれい》によって破却される運命となる。寛永十七年（一六四〇）になると、お家騒動によって生駒氏は改易され、讃岐国のうち東部には高松城を居城とする松平氏が入封し、西部には丸亀城を居城とする山崎《やまざき》氏が入封した。

丸亀城の三階櫓

ところが、丸亀城は元和元年に破却されていたため、山崎氏には拠るべき居城がなかった。そこで、山崎氏は幕府の許可を得て、寛永二十年になって新たに丸亀城を築きなおしたのである。生駒時代の石垣や堀が残っていた部分もあっただろうから、築城というよりは大改修というべきかもしれない。「天守」が完成したのは、山崎氏が嗣子なく絶家した後、替わって城主となった京極《きょうごく》氏の時代、万治三年（一六六〇）のことである。

簡単に述べると、万治三年時点で築かれた三層三階の櫓は、公に「天守」と呼びうる対象にはならなかったのであろう。遡って、諸藩が幕府に自らの居城・支城の詳細を申告する『正

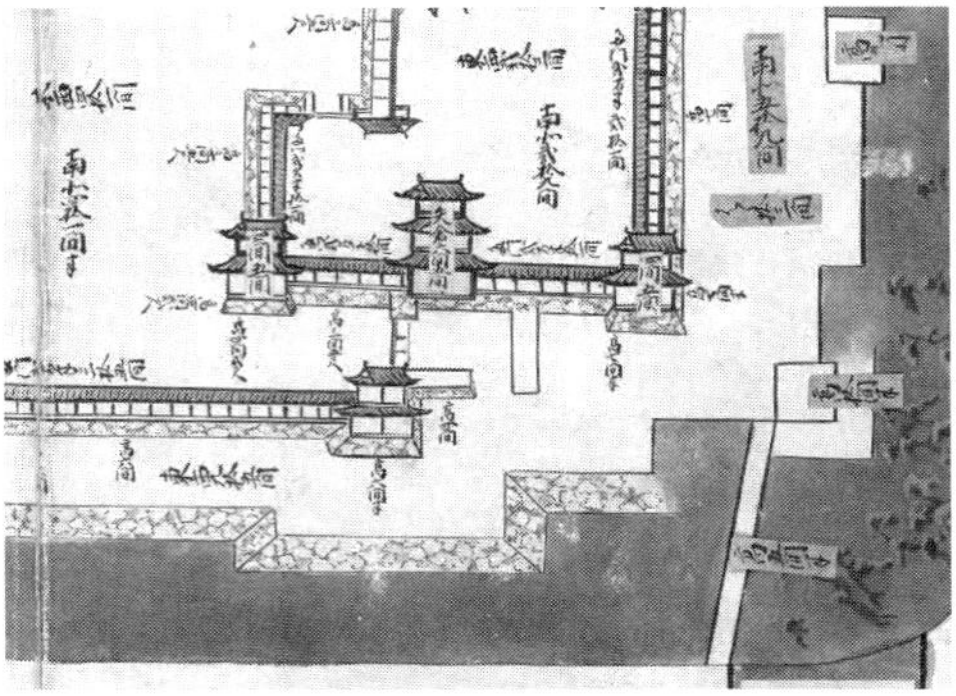

『正保城絵図』に描かれた丸亀城「矢倉」　国立公文書館蔵

保城絵図』が作成された前後、絵図の描写・記載に則り、各城郭の構成要素はおよそ固定化する向きがあった。そのおりに「天守」と呼びうる建築が存在していれば、以後も引き続き「天守」と公称されるようになる。中には備中松山城（岡山県高梁市）のように二層であっても「天守」と呼ばれたものもある。一方、それ以後になって建てられた三階櫓は、幕藩体制下において「天守」と公称されることがまずなかった。

　ただし、既存の「天守」が災害等によって滅失した場合、諸藩から再建申請がなされれば、幕府はおうおうにして再建を認めている。申請し、認められながら、藩側の財政事情で中止される場合が多かったようである（相馬中村城〈福島県相馬市〉等）。再建が許された場合は「有来《ありきたる》」、つまり、かつての姿どおりに再建するというのが大原則であった。この大原則に従って江戸後期に再建されたのが松山城（松山市）、高知城（高知市）、和歌山城（和歌山市）であり、それぞれ「天守」と公称されたのであった。

　一方、弘前城（青森県弘前市）では、本丸南西隅にあった五層天守が寛永四年に落雷のため焼失してしまったが、文化七年（一八一〇）に巽《たつみ》櫓跡に「三重御櫓」（現存するいわゆる「天守」）

が建てられ、かつての天守跡には未申櫓《ひつじさる》が建てられた。天守跡に、元あったような五層天守を建てていれば、憚ることなく「天守」と公称できたはずである。ところが、天守跡に未申櫓を建ててしまったことにより、元あったような天守は自ずと建てられなくなった。天守級の三重御櫓を建てることができても、それを「天守」と公称することは、江戸期には不可能になったわけである。

新発田《しばた》城（新潟県新発田市）、白石城（宮城県白石市）、松前《まつまえ》城（北海道松前町）等にも、天守級の三階櫓が存在した。これらが江戸期に「天守」と公称されなかったのは、建設された時期が遅く、天守と公称することができなかったためであろう。

なお、生駒氏時代を描いた丸亀城絵図には、本丸中央に「天主台」と記したものがある。仮に元和元年に廃城となっていなければ、丸亀城には江戸期を通じて「天守」と公称された建築が存在したかもしれない。あくまで〝ｉｆ〟の話だが。

ところで、『正保城絵図』の丸亀城では、本丸の今の「天守」の位置に三階の「矢倉」を描く。同図は「石垣当年大形出来可仕候」とあるから、完成図ではなく計画予定図だったと言える。今の「天守」の完成は絵図作成後のこととなる。では、絵図中の「矢倉」表記やその描写はどのように理解すべきか。天守と矢倉呼称が確定する端境期だったかもしれないが、これに対する答えは見つけられていない。

（髙田　徹）

48 何階建てなのかわからない櫓
——金石城《かねいし》の櫓門《やぐらもん》

所在地：長崎県対馬市厳原町
主な遺構：石垣・庭園
主な城主：宗氏
石　高：十万石格（五一七四石）

対馬の中央部、かつて府中と呼ばれた厳原《いずはら》にある金石城は、中世から江戸期を通じて対馬を支配した宗《そう》氏の居城だった。宗氏は、延宝六年（一六七八）になって近在に桟敷屋形《さじきやかた》を新たに築いて居所としているが、金石城は引き続き存続させ、明治を迎えている。

金石城は、文禄・慶長の役時に豊臣軍によって築かれた、清水山《しみずやま》城の南側山麓に築かれている。このとき、金石城は渡海する予定であった豊臣秀吉の御座所として整備された可能性もあるだろう。実際に、宗氏の居所として金石城が整備されるのは寛文五年（一六六五）になってのことであり、同九年には大手門の櫓門が建てられている。

だが、この櫓門は、文化十年（一八一三）に脇櫓とともに焼失してしまう。櫓門内部には、藩の鉄砲・大筒《おおづつ》数多と太鼓等が納められていたが、燃えてしまったものや被害を受けたものが多かった。海に囲まれた対馬を防衛するうえで、鉄砲が失われてしまっては有事に対応できなくなる。そこで、幕府からの拝借金も得て、文化十四年に櫓門と脇櫓の再建がなされた。明治になって、他の建物が取り壊されていくなか、櫓門は残されたが、大正八年（一九一九）に老朽化のためおしくも解体された。平成二年にふるさと創生事業により、櫓門は再建され、国名勝に指定された庭園とともに、金石城のシンボル・見どころとなっている。

再建された櫓門は、いささか珍しい外観である。というのは、向かい合う石塁の開口部に扉部分を設け、上部には石塁に渡した渡櫓を設ける。ここまでは、他の城郭でも見かける外観だが、金石城の場合は、さらに上部に望楼を乗せている。渡櫓部分と望楼部分の棟は直行する形となり、望楼部分は妻を正面に見せている。この望楼部分に、江戸期は太鼓が置かれていたのであろう。渡櫓の上に望楼を乗せた櫓門は、現存例がない。今のところ、再建された唯一の櫓門が金石城の大手門なのである。

金石城の櫓門（古写真）

この櫓門の外観は珍しいと先述したが、いくつか類例は見出せる。古写真が残るところでは、彦根城（滋賀県彦根市）黒門があり（ただし、望楼の妻は正面を向かない）、そのほか、明治になって城外に移築され、今は部材の一部だけを残す小諸《こもろ》城

（長野県小諸市）中仕切門《なかしきりもん》等が挙げられる。

金石城の櫓門

文禄・慶長の役時、宗氏は小西行長《こにしゆきなが》に従って朝鮮半島に渡り、転戦した。慶長の役時に宗氏が守ったのは、南海倭城《ナムヘウェソン》（大韓民国慶尚南道南海郡）である。今は石垣や土塁等しか残らないが、明軍《みんぐん》に従った絵師が描いた『征倭紀功図巻《せいわきこうずかん》』には、南海倭城の櫓門が描かれている。描かれた櫓門は、扉周りがアーチ状に描かれる等、絵師によるデフォルメ・想像を働かせたとみられる部分を含んでいる。ただし、渡櫓の上部に望楼を乗せた姿は、実際に存在したものをかなり忠実に描いた可能性が高い。

南海倭城に望楼を乗せた櫓門があったから、その影響や関連性をもって、金石城の櫓門が建てられたというつもりは毛頭ない。少なくとも、絵画資料の描写から、こうした櫓門が文禄・慶長の役時には出現していたということを指摘したいのである。

なお、ここで一つ、疑問を挙げたい。金石城の櫓門は、いったい何階建てと呼ぶべきなのか。

三階建てと捉える向きが多いが、それは、櫓門の渡櫓部分をもって二階と呼ぶ機会が多いからであろう。金石城の櫓門を三階とみなすと、一階部分は扉だけであり、階というべき空間が存在していない。二階（渡櫓）部分へは、隣接する石塁上から出入りする造りになっているのである。三階部分へは、渡櫓の内部に設けられた階段で昇降する。すると、この櫓門は三階ではなく二階と捉えるべきではないか。少なくとも、そのような捉え方も可能である。

望楼をともなわない渡櫓で、石塁から出入りする櫓門の場合は、同様に一階と捉えるべきだろう。少なくとも二階とは呼べない。扉の奥に番所がある場合も、そこから渡櫓に直接連絡する階段が存在しなければ、一階と呼ぶのは憚られる。

一方、石塁に渡櫓が掛からない、単独で建ちあがる櫓門の場合、扉の脇に一階があり、内部には二階に上がる階段があるものだ。一例を挙げるならば、姫路城（兵庫県姫路市）の菱《ひし》の門がある。これは、一階と二階が明瞭に確認・区別できる。いずれにせよ、櫓門といわれるものであっても、明瞭に一階・二階が数えられ、区分できるものがある一方、そうではないものも存在している。些細なことながら、城郭研究においてはあまりこうした点に注意が払われてきた形跡がない。もう一ついえば、望楼を乗せた櫓門の名称自体、寡聞にして聞いたことがないのである。

このように、まだまだ呼称のない、呼称の定まっていない城郭遺構は存在しているのである。

（髙田　徹）

49 再建櫓に櫓台がないのはなぜか

——府内《ふない》城の半地下式櫓《はんちかしきやぐら》

所在地：大分県大分市荷揚町
主な遺構：堀・石垣・天守台・櫓
主な城主：竹中氏・日根野氏・松平氏
石　高：二万一二〇〇石

府内城は慶長四年（一五九九）に福原直高《ふくはらなおたか》によって築城が開始され、続いて城主となる竹中重利《たけなかしげとし》によって、慶長七年頃に主要部の完成をみた。竹中氏二代、続く日根野《ひねの》氏二代、そして天領《てんりょう》期を経て、万治元年（一六五八）以降は松平氏四代の居城となり、明治を迎えている。

府内城の現存建築は、西丸南側の宗門櫓《しゅうもん》と天守台北側の人質櫓《ひとじち》のみである。西丸の南西隅にある二階櫓、同じく北西隅にある二階櫓、東丸南西隅にある着到櫓《ちゃくとう》、北東隅にある二階櫓、西丸と東丸の間にあった大手門は、昭和二十年に戦災で焼失したものを昭和四十年になって鉄筋コンクリート造で再建している。また、平成八年には西丸北側に廊下橋が木造によって再建されている。昭和四十五年以来、西丸をほぼ占拠していた大分文化会館も、平成二十三年に閉鎖・撤去されている。跡地を含めた城跡が、今後どのように整備されていくか、注視されるところである。

西丸南西隅の二階櫓は、堀側から写した古写真が複数残されている。再建された櫓と古写真を比較してみると、①懸魚《げぎょ》の造りが異なる、②軒を支える方杖《ほうづえ》の本数が異なる、③狭間の位置が異なる、④一階の窓の高さが異なる、といった点を指摘できる。一見した限りでは、古写真に写された外観に近いのだが、実は相違点も少なくない。

筆者は、二階櫓を西丸側から撮影した古写真を見たことがない。昭和二十年までは現存していたのだから、今後、精査すれば見つかる可能性はあると思う。

ところで、再建櫓を西丸側から見てみると、他ではありえない姿に驚かされることであろう。なぜなら、再建櫓の一階隅は一本の柱（鉄骨）だけで支えられているのである。このため、一階の床下を見上げることができてしまう。

府内城西丸南西隅の二階櫓

通常ならば、曲輪端部に方形の櫓台を設け、その上部に櫓を立ち上げるものである。これに対して再建櫓の土台は、方形の櫓台にはなっていない。基本的に、西丸周囲を囲む石塁の幅と変わらないのである。明治の廃城後に櫓台が改変されたのだろうかとも考えたが、そうではないことは、方形の櫓台の痕跡が認められないことや、石垣の形態からも判明する。

江戸期の絵図を見てみると、二階櫓は二層二階であったが、その下にもう一階存在していたことが知られる。つまり、西丸の地面と同じ位置に階が存在し、内部の階段によって一階と行き来していた。絵図では、他の櫓でも同様の描写がなされている。現存する宗門櫓も似た構造だが、現状では、内部には昇降する階段がない。後世に階段が撤去されているのかもしれない。

それはともかく、再建櫓は一階の下部にあった階を省略し、柱一本だけで支えるように造ってしまっているのだ。ここまでくると、再建櫓と呼ぶのも憚られてならない。

ではなぜ、遡った江戸期には方形の櫓台を築かなかったのだろうか。はっきりとした理由はわからないが（城主の好み、工法上の理由等が考えられる）、少なくとも当初から方形の櫓台を築かず、半分を一階下の階で支えるように計画していたことは確実である。石垣普請段階から作事（櫓）との一体性が強く意識されていたのは間違いあるまい。

ところで、ここまで一階下の階と表現してきたが、この階は何と呼ぶべきだろうか。一階の下にあるから地階と呼ぶべきか、それとも二辺が石垣で囲われているから穴蔵と呼ぶべきなのか。二辺が石垣で囲い込まれているわけではないから、穴蔵と呼ぶのもしっくりこない。いっそ、一階・二階・三階と呼んでみるべきだろうか。いずれにしても成案は出せない。

なお、天守台内に設けられた穴蔵というのは、大抵は地面よりも高い位置に存在するから、地階という呼称が妥当とは思えない。今後、見直しも必要ではないだろうか。

（髙田　徹）

50 規格化されなかった土塀の支え
――飫肥《おび》城の土塀控柱《ひかえばしら》

所在地：宮崎県日南市飫肥
主な遺構：石垣・堀・土塁
主な城主：伊東氏
石　高：五万一〇〇〇石

宮崎県南部の日南市にある飫肥《おび》城は、江戸時代を通じて伊東《いとう》氏十四代、五万石余の居城として存続した。

現在、模擬建築の大手門、同じく松尾丸《まつおまる》の御殿、新本丸址に建つ飫肥城歴史資料館は観光名所となり、休日になると多くの観光客で賑わっている。

新本丸址の北西側、一段高い位置にあるのが旧本丸址である。飫肥城は、古くは旧本丸址を中心に、現状よりも東側に広がる曲輪構成であった。ところが、たび重なる地震被害の甚大さにより、旧本丸・南側の松尾丸を掘削・造成して、西側一帯に新本丸を築いている。新本丸が完成したのは元禄六年（一五九三）のことであり、新本丸が現在見る形におさまったのも同じ時期である。

新本丸は観光施設や飫肥小学校の用地となっており、改変や模擬建築・城郭とは直接関連しない施設であふれている。一方、旧本丸は模擬裏門が建設されているが、遺構を良好に止めている。

その一つとして、旧本丸東側あたりにぽつぽつと建つ土塀控柱が挙げられる（以下、控柱と呼ぶ）。控柱は土塀本体から延ばされた貫を固定し、土塀の倒壊を防ぐためのものである。控柱は

①木製、②石製、③上部が木製、下部が石製、の三タイプに分けられる。①は金沢城（金沢市）の石川門脇に続く土塀に、③は大坂城（大阪市）桜門脇の土塀に見られる（ただし、当初の状態ではない）。②は名古屋城（名古屋市）をはじめ、各地の城郭に見ることができる。

かつては城内のあちこちに用いられていたはずの控柱だが、廃城後に持ち去られ、転用されているものがほとんどである。というのは、方形に加工された手頃な大きさの石材だから、石段や石橋、民家の土台等に用いやすかったためである。したがって、旧城内に残っていても数本程度にすぎない。

飫肥城旧本丸の控柱跡

飫肥城旧本丸に見られるのは、③のタイプである。控柱が建つのは、土塁上の中央あたりで、一本の控柱には二つの長方形の穴が穿たれている。この穴に貫が差し込まれ、貫が土塀の柱側に向かって延びていた。そして、貫の先端に土塀の柱が継がれていたのである。

現状で、控柱と土塁の外縁部とは約3メートル離れている。この距離では、貫を用いるとかなり長い部材を必要とする。約3メートルの貫があったのではなく、土塀の柱は土塁から引いた位置、控柱からせいぜい1メートル前後の位置に建てられていたのではないだろうか。石垣なら直上に土塀を建てることができるが、土塁や切岸では、直上に土塀を建てるのは困難となる。そのため、内側に引いた位置に建てていたと考えられる。

さて、ここからが肝心な話である。飫肥城旧本丸の控柱は長さが異なるうえ、貫を通す穴の位置もばらばらである。これでは貫の高さ、傾きもまちまちであっただろう。土塀の裏側にあり、単なる補強材だから、さほど見映えは気にしなかったのだろうと思われる。

飫肥城の新本丸には土塀が復元されており、城郭としての雰囲気を観光客に伝えている。この土塀も背後に回れば、控柱によって支えられていることが確認できる。こちらの控柱は、ほとんどが土塀と一緒に現代に造られたものである。そのために高さも、ほぞ穴の高さもきれいに揃っている。規格を揃えて製作されているはずだ。

現代のわれわれの感覚からすれば、モノは規格を揃えたほうが整うし、そのほうが多くの場合コストパフォーマンス的に優れている。城郭が現役だった近世以前も、同じ傾向がみられる。ただ、すべてが規格化されたわけではなかったし、必要性がなければ規格化されることもなかった。そんなことを、飫肥城の控柱は教えてくれるのである。

（高田　徹）

視点３

城郭用語を調べるには

城郭に関する語彙（城郭用語）を調べようとするとき、基本文献となるのは鳥羽正雄『日本城郭辞典』（東京堂出版、一九七一年。一九九五年に新装版刊行）であろう。言うまでもなく、著者の鳥羽正雄氏は城郭研究の泰斗である。同書では語彙ごとに参考資料が挙げられていて、参考になる。

もう少し近いところでは、児玉幸多他監修『日本城郭大系別巻Ⅱ』（新人物往来社、一九八一年）中の「城郭用語辞典」も、多くの語彙を載せている。他にも語彙を載せる書籍は数多あるが、基本文献と言えば上記二冊に絞り込めるのではないだろうか。

ただし、注意しなければならないのは、その後の調査・研究の進展により一部に訂正を必要とするところがあるし、掲載されていない語彙も少なくない。また、概して江戸期の軍学に関する語彙が多い傾向にある。軍学で使用される用語類も重要だが、もっと重視すべきは、一次史料に表れる関連語彙である。

近世城郭の一次史料に表れる関連語彙を集成した成果は、管見の限り存在しない。しかし、調査・研究を進展させる上では不可欠なものであり、今後集成のうえ、解説を加えた辞典の刊行が望まれる。

また、現在の研究用語を解説する辞典類も必要だろう。例えば、近年では「近世城郭」とともに「近世城館」という呼称が用いられる。両者の意味は近いが、ややニュアンスが異なる。後者のほうが対象範囲が広く、軍事性をいくらかやわらげた呼称と言えようか。

（髙田　徹）

第三部　城郭に刻まれたさまざまな謎

『正保城絵図』に描かれた津山城　国立公文書館蔵

51 認められなかった古城跡の再建
——八戸《はちのへ》城の築城構想

所在地：青森県八戸市内丸
主な遺構：なし
主な城主：南部氏
石　高：二万石

青森県八戸市には、八戸城と呼ばれた城が二つある。歴史的に古いほうの八戸城は中世城館で、国指定史跡・根城《ねじょう》の名で知られる。南北朝時代初期から根城南部《なんぶ》氏（八戸南部氏ともいう）の軍事・政治拠点であった。もうひとつの八戸城は近世城郭で、南部利直《としなお》が寛永五〜六年（一六二八〜九）に築城、宿館にしたとされる。根城南部氏の所領を蔵入地《くらいりち》とした利直は八戸に城代を派遣、商人町を整備し、今日の八戸市が太平洋に臨む海運の拠点として発展する礎を築いた。盛岡南部家の家老が書いた執務日記を読むと、正保三年（一六四六）から承応二年（一六五三）にかけて、米や大豆を江戸へ送ったことが記されている。

寛永年間における私的築城は、武家諸法度の新規築城禁止令の下、極めて珍しい事例といえるが、利直がどのような手段を使って江戸幕府から築城認可を取り付けたのか、当時の様子を伝える史料や記録は残されていない。おそらく、陣屋・屋敷構の取り立てという名目なのであろうが、寛永十年の諸国巡見使による城郭査察後に作製された「寛永国絵図」（寛永十年巡見使国絵図、日本六十余州図）を見ると、八戸城も南部家分領内十六城の一つとして絵図中に記載されている。

この時点で抱城《かかえじろ》であることは確認できるが、十余年後の「正保国絵図」の時代になると、古城として国絵図に記載されることはなかった。同じ立場にある花巻城《はなまき》が古城として国絵図に記載された事例とは異なり、八戸城は古城という城の格付けを得ることができなかったのである。

旧八戸城が、大名家の居館として取り立てられることになったのは、寛文四年（一六六四）十二月のことであった。この年九月、盛岡城主・南部重直《しげなお》（十万石）は世継ぎを家中に示さないままに死去したが、幕府は重直生前の意向を尊重し、次弟の重信《しげのぶ》に盛岡南部家八万石を継承させ、末弟の直房《なおふさ》に八戸南部家二万石を創設させたのである。

南部直房は、父・利直が築いた旧八戸城を居所とすることを幕府から許され、居館等を整備したが、本丸や二の丸廻りの土塁・堀を修復することは許されなかったようだ。これは、大名家格制の下、八戸南部家は無城主大名であったからだ。寛延三年（一七五〇）の「八戸内丸之図」（八戸市博物館所蔵）を見ると、領主居館があるはずの本丸が空白となり、「城趾」と記されていることが、その背景を物語る。城趾とはすなわち、「古城跡」のことである。

そのような八戸南部家が、老中《ろうじゅう》に対し内々に「築城」と城主大名への家格上昇、三万石への高直《たかなお》しを願い出たのは文化六年（一八〇九）、南部信眞《のぶまさ》の時代である。その背景には、盛岡南部家や弘前津軽家と共に担う蝦夷地《えぞち》警衛、海岸警備へ多くの貢献をなしているという自負があった。八戸は盛岡や弘前へも遠く、近くに城地がないので、八戸に築城し、領内とその周辺を守る拠点

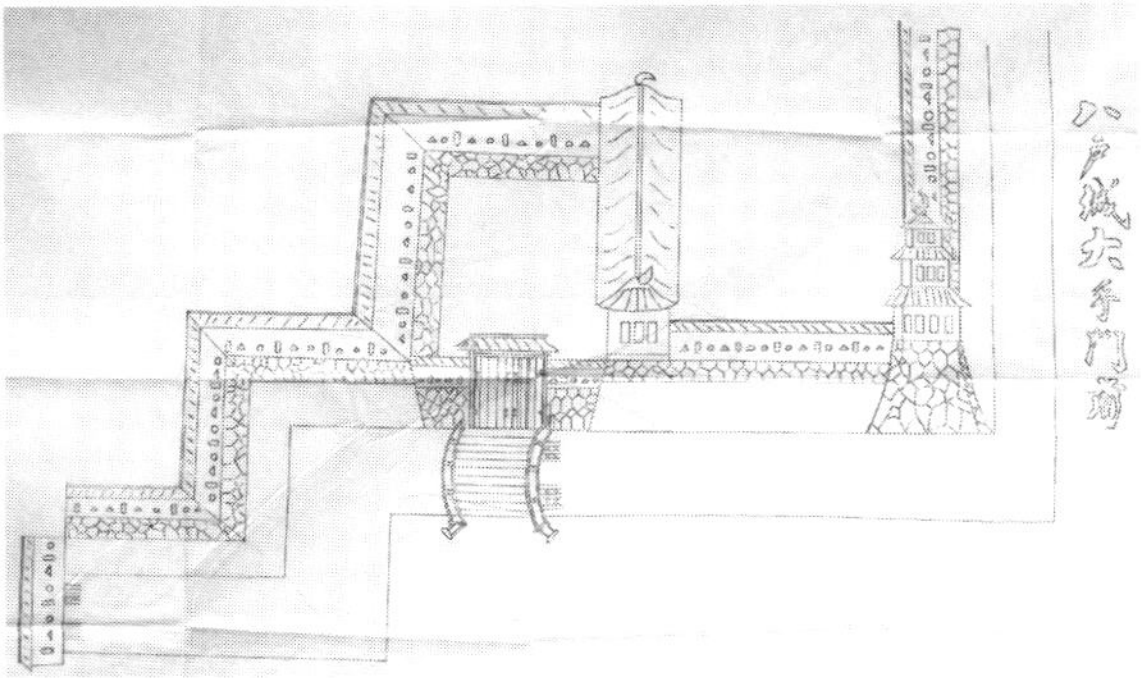

「八戸城大手門前」の絵図　八戸市立図書館蔵

とするという大義名分があった。その内願は一度限りではなく、約三十年間に及んで行われたというが、ついに家格上昇とそれにともなう築城、「古城跡再建」が認められることはなかった。

しかし、天保九年（一八三八）二月、鹿児島城主・島津《しまづ》重《しげ》豪《ひで》の子、篤之丞《あつのじょう》を信眞の養子に迎える縁組が成立すると、幕府は島津家との縁戚関係を重視し、八戸南部家の家格を城主格へ引き上げる決定をする。これにともない、幕府から築城命令が発せられることはなかったが、居所を八戸城と呼ぶことだけは可能になった。

信眞の後を継いだ篤之丞は南部信順《のぶゆき》と名乗り、島津家を継いだ島津斉彬《なりあきら》とは古くから昵懇の間柄だった。安政二年（一八五五）に従四位下、文久元年（一八六一）には侍従《じじゅう》となる。

八戸南部家中では、次はいよいよ築城と喜んだものか、この時代、築城計画の絵図（写真参照）を作っている。本丸大手門を桝形虎口とし、一ノ門・二ノ門（櫓門）を備え、本丸塁上に三重櫓（天守相当）を上げるものだが、明治維新により、その計画が実現することはなかった。（神山　仁）

52 「抱城《かかえじろ》」と呼ばれた古城跡
――花巻城《はなまきじょう》の沿革

所在地：岩手県花巻市城内
主な遺構：二階門・堀・土塁
主な城主：南部氏
石高：――

花巻城は、盛岡南部家の抱城であったといわれる。別の表現を使えば端城、現代的な表現ならば支城である。これは、文化元年（一八〇四）に江戸幕府勘定奉行《かんじょうぶぎょう》の命による「郡村仮名付帳《ぐんそんかなつけちょう》」作成の際、花巻城の格付けをもくろんだ南部家が盛岡城を居城、花巻城を抱城と書き上げたことによる。城郭図書では、仙台城の支城・白石城、久保田城の支城・大館《おおだて》城や横手《よこて》城と同様に、盛岡城の支城と紹介されることが多いが、三城との大きな違いは、花巻城は城割りにより要害性が除去された「古城跡」であり、「現役の城」ではないことである。

しかし、その実態は、城廻の要害性が保持され、石垣・土塁・空堀を有し、平櫓7・二階門5・太鼓塀を備えていた。本丸には城主居館、二の丸には城代屋敷が置かれた、まぎれもない「現役の城」の姿をしている。城地は奥州街道に面し、江戸と盛岡の間は公儀馬買衆《こうぎうまかいしゅう》が往来しているので、城の存在を隠し通せる所ではない。いったい、花巻城とはどのような城郭なのであろうか。

戦国時代の花巻城は稗貫《ひえぬき》氏の居城で、鳥谷崎《とやがさき》城と呼ばれたが、稗貫氏は豊臣秀吉の小田原攻めに参陣せず、領主権を剥奪された。天正十八年（一五九〇）の奥羽仕置《おううしおき》では浅野長政《あさのながまさ》の本陣とし

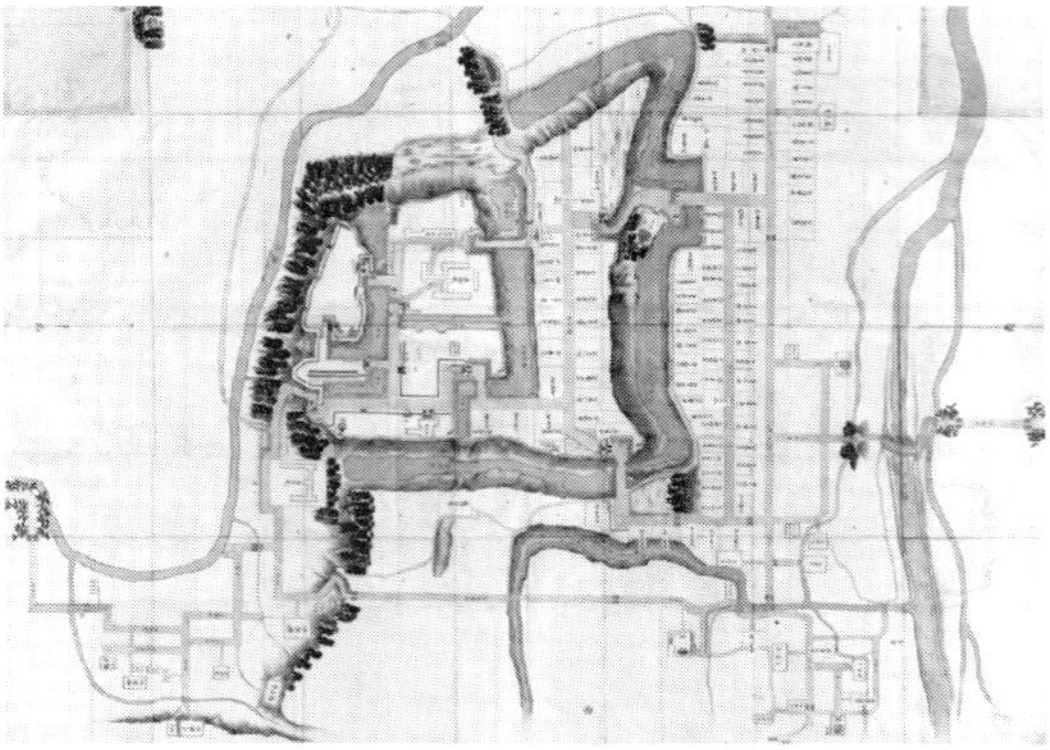
「花巻城絵図」　もりおか歴史文化館蔵

て修復され、浅野勢が約五十日間在城した。翌年の奥羽再仕置後に南部信直の所領となり、諸城破却四十八城の対象とされたが、存置十二城の一つとなった。これは、国境を接する伊達政宗への備えとして近世城郭化を図るためで、このときに花巻城と改称されている。

江戸時代に入ると、奥羽の大名衆には一国一城令の触れがなかったことから破却を免れ、寛永十年（一六三三）の諸国巡見使の城郭査察後に作製された「寛永国絵図」では、南部家分領内十六城の一つとして絵図に記載された。しかし、「正保国絵図」では分領内六古城の一つとされているので、この時点で古城跡の状態でなければならなかった。城跡に代官所などを置く場合でも、要害には手を付けず、城郭施設は破却しなければならない。

常識的に考えると、花巻城は、江戸幕府が禁じる「古城跡再建」の状態にある。地震等で石垣が破損すると、城代から盛岡城に報告が上がり、南部家の判断で修復が行われた。武家諸法度《ぶけしょはっと》に背く無届修復であるが、そもそも城郭修理許可制は原則的に古城を対象としておらず、修理を願い出ようにも正当な理由がない。南部家では城郭修理に際し、江戸屋敷の留守居役たちに情報を伝えて周知を図り、幕府の疑念を招かないよう努めていた。

さて、文化元年の「抱城書上げ」に話を戻そう。古城を抱城として復活させるためには、江戸幕府から「古城跡再建」の許可を得なければならないが、それは容易に許可されるものではない。大名家格制において、無城主大名が城主大名・城主格大名に昇格して居館を居城に改修する場合や、城主大名が「無城の地」に転封されたとき、「古城跡」を改修（再建）して居城とするときに許される。南部家のとった昇格手段には、効果があるとは思えない。

では、江戸幕府は花巻城のことをどのように捉えていたのであろうか。天保七年（一八三六）四月、幕府から「天保国絵図」調進の命が下り、南部家は同九年三月、「元禄国絵図」をベースとする懸紙修正図を提出した。これは、約一四〇年の間に変わった地形や道筋、郷村の様子を新たな国絵図に反映させるため、変更箇所を懸紙に書いたものだ。ベースは「元禄国絵図」だから、花巻城は「古城」と書かれている。そこに、「当時抱城」と記した懸紙が付されている。当時とは現在という意味だが、懸紙修正図を吟味のうえ、勘定奉行所が作製した清絵図を見ると、花巻城は相変わらず「古城跡」のままなのである。「郡村仮名付帳」は地誌のような性格のものなので、古城を抱城と書き上げたとしても、幕府の認識を変えるほどの効力はなかったのであろう。したがって、花巻城を盛岡城の支城とすることには慎重であるべきだと考えている。

（神山　仁）

53 規制から逃れて修補するための工夫
——金山《かねやま》城の修築

所在地：宮城県伊具郡丸森町金山
主な遺構：曲輪・土塁・石垣
主な城主：中島氏
石　高：二〇〇〇石

近世の城郭は、武家諸法度によって法的規制を受けたことはよく知られている。これと似た事例として、幕府から「城」に準じる扱いを受けた、仙台藩の二十一ヶ所の「要害（要害屋敷）」がある。地方知行制を維持していた伊達氏が、大身の有力家臣に拝領地とともに与えた在郷居館である。

要害の修補に関しては、貞享四年（一六八七）に幕府の老中・阿部正武《あべまさたけ》との間で手続きが定められた。それによれば、現状に復帰する修補は藩主が許可したうえで阿部に報告、現状変更をともなう場合は、事前に阿部の許可を得るというものであった。この幕府とのやり取りの中で、近世の城郭維持についての一端が垣間見られる。

金山城は、標高120メートルの丘陵上にある、典型的な山城である。中世に相馬氏の勢力によって築かれた後、相馬氏と伊達氏の争奪戦が繰り広げられ、天正九年（一五八一）には伊達政宗が初陣を飾っている。同十二年に伊達氏の領有となった後は、伊達氏の重臣である中島《なかじま》氏が要害として拝領し、明治維新まで中島氏の在郷居館として城郭が残された。現在、山頂には仙台藩

金山城本丸の石垣

では珍しい高石垣が一部にみられるほか、見事な切岸が良好な状態で残っている。
一般的に、近世に入ると城地の選定は山城ではなく、平山城や平城へと移行していく。一部には、中世の山城を利用した近世城郭も存在するが、その場合は、山麓に居館を造営することが多かった。山頂に御殿のような生活空間がある場合、藩主の日常生活や行政府としての役割上、なにかと不便だからである。
しかし、金山城の場合は、近世に至っても山頂の本丸に御殿が設けられ、なおかつ土造りの城として維持されたのである。周囲を石垣にした場合と異なり、土造りの城（一部に石垣）として現状を保つうえでは、さまざまな工夫がなされた。この点について、金山城の修補の事例は示唆的である。
天明八年（一七八八）、金山城本丸の「長屋」（多門櫓）を支える切岸が崩れて、長屋も崩壊した。中島氏はただちに仙台藩に届け出て許可を得、原状回復の修補に着手した。ところが、実際に工事を始めると地盤に問題があり、元のように復旧することが困難であることがわかった。そこで、中島氏は櫓下の切岸を石垣にしたいと願い出たが、藩では原状変更をともなうことになるので差し支えるとして、許可を出さなかった。

寛政三年（一七九一）三月、今度は石で土台を築くことを願い出たが、藩では「新規之儀」は差し支えるとのことで許可が出なかった。このようななか、同年九月、中島氏は櫓の下の崩れた個所に柱を立てて、その間に石を積む「塁石場」にしたいと願い出て、許可が出された。

最終的には、柱で櫓を支えてその間に石を積み上げて固定した後、表面を土で覆って切岸のように仕上げたものとみられる。したがって、表面的には切岸の上に多門櫓が復興され、「原状回復」がなされたようなかたちになる。金山城は、明治維新まで山頂に御殿が置かれたが、切岸の上に多門櫓のようなものを乗せるのはかなりの無理が生じたとみられ、それを実際に維持するためにはさまざまな工夫がなされていたのである。

近世に至っても、土造りの城や山城が藩庁として使用された事例は、決して少なくない。幕府との関係や城郭の安全性を考えつつ、藩士たちが普請に頭を悩ませたからこそ、私たちは今日に残る遺構を楽しむことができるのである。

（太田秀春）

54 垣間見える絵図と実際の違い——涌谷《わくや》城と亘理《わたり》城

所在地：宮城県涌谷町（涌谷城）
宮城県亘理町（亘理城）
主な城主：涌谷伊達氏／亘理伊達氏
石　高：二万二千石／二万三千石

近世の仙台藩には、幕府から「城」に準じるものとして、二十一ヶ所の「要害（要害屋敷）」と称された城郭が存在したことはよく知られている。要害は、地方知行制を維持していた伊達氏が、大身の有力家臣に知行地とともに与えた在郷居館であり、水堀や土塁で周囲を囲繞し、楼門や櫓も備えるなど、まさに城郭そのものであった。

要害制は、まず、天和元年（一六八一）に仙台藩が大身家臣の在郷居館の絵図を提出させ、翌年、藩奉行（家老）が吟味し、拝領形態により「城」「要害」「所」「在所」「在郷」などに格付けをおこなった。そして、貞享四年（一六八七）に幕府の老中・阿部正武との間で修補の手続きが定められ、名実ともに要害制が成立した。この点は、武家諸法度の適応を受けた諸大名の城とほぼ同様である。修補に関するやり取りの際に描かれた絵図から、当時の「城」についての認識がみえてくる。

涌谷城は、中世に大崎《おおさき》氏の家臣涌谷氏が居住していたが、天正十八年（一五九〇）の奥羽仕置によって大崎氏が滅亡した後は伊達氏の領有となり、亘理《わたり》氏が移された。亘理氏は、後に伊達姓

涌谷城の石垣と櫓

を賜り涌谷伊達氏となる。現在、江合《えあい》川《がわ》沿いの丘陵にある城跡は、主要部が涌谷神社境内となり、遺構が比較的良好に残されており、本丸詰の門付近には、石垣と太鼓堂と称された二層櫓が現存している。しかし、近世に藩や幕府に提出されたとみられる絵図には、この櫓が描かれていないのである。

一方、亘理城は、亘理氏が涌谷に移された後、天正十九年に伊達政宗の側近である片倉景綱《かたくらかげつな》が拝領した。慶長七年（一六〇二）には伊達成実《しげざね》が拝領し、以後、明治維新まで亘理伊達氏の居城となった。現在は周囲が市街地化して多くの遺構が失われているが、亘理神社が鎮座する本丸のみ、ほぼ旧態を保っている。

亘理城では、宝永七年（一七一〇）に本丸の土手と塀が崩れ、元のように復旧しても再度崩れる危険性があることから、地形を変更して修復したいと藩に願い出た。その際に、亘理伊達氏では、本丸にあった「長屋」（多門櫓状の建物）が絵図に描いてあると、修補のたびに届け出なければならないので、今回から描かずに削除してよいか、あわせて伺いを出した。

藩では、「長屋」は以前、幕府に提出した絵図に描いてあるため、今後も描くように指示した。その際に、樹木・馬屋・竹矢来《たけやらい》などを描いているが、それらは「御要害のため」に存在しているわけではないとして、それらを描かずに削除するように指示した。ここで、要害のために存在するかどうかを判断する重要な基準は、塁線上に存在するかどうかということであった。したがって、塁線上に存在していた亘理城の「長屋」は、要害のための施設であることから、以前と同様に絵図に記載され、それ以外の施設は削除されたのである。

これで、涌谷城の櫓が絵図に描かれていなかった疑問が氷解する。涌谷城の櫓は、塁線上に存在しておらず、本丸を囲む塀の内側に建てられているのである。櫓などは、一見すると要害のためにある軍事上の重要な施設のように思えるが、必ずしも描かれていないのは、このような理由からであった。

絵図と実際の姿との間に違いがみられることは、城郭に限らずよくあることである。城郭絵図に何をいかなる理由で描くのか、あるいは描かないのかという問題は、近世における城郭の存在意義を考えるうえで、興味深いテーマといえる。


（太田秀春）

55 城内に設けられた珍しい温泉
──高島《たかしま》城の石枡《いします》と木管《もっかん》

所在地：長野県諏訪市高島
主な遺構：石垣・水堀・城門
主な城主：諏訪氏
石　高：三万二〇〇〇石

高島城は、現在では埋め立てが進んでその面影はないが、かつては諏訪湖《すわこ》に面する「浮城《うきじろ》」であった。ここに本格的な城を築いたのは日根野高吉《ひねのたかよし》で、慶長三年（一五九八）にはほぼ完成したと考えられる。関ヶ原合戦後には、かつてこの地を領していた諏訪氏が城主になり、以後、幕末まで続いた。その間、松平忠輝や吉良義周《きらよしちか》などが、この地に流されている。

城は、かつての本丸が公園として残っているが、北面と東面を除いて破壊されている。また、中門川沿いに二の丸石垣が残存している。建造物としては、復興天守と、それに続いて復興された塀・門・櫓がある。天守は古写真を参考に造られているが、本来なかった高欄を付け加えるなど、厳密な復元ではない。石垣もかなり積み替えられたようだし、小天守台付近は旧状を留めているとはいいがたい。他には、三の丸御殿裏門が公園内に移築されて残るほか、市内の温泉寺に能舞台や城門が移築されている。

高島城で珍しいのは、城内に温泉があったことである。三の丸に、御殿と別棟の二間×一間半の湯殿《ゆどの》があり、温泉に入ることができた。その場で湧き出していたわけではなく、外から引き入れたものである。現在、公園内に浴場の配湯・集湯をしたとされる、三方に穴が開いた石枡が残っている。また、本丸の東側からは木管が検出されているが、このような設備を利用して、湯を城内に引き入れていたらしい。現在でもそうであるが、当時から城の近辺には多くの温泉があり、藩主も時に利用していたという。これだけ温泉に恵まれていれば、城内で入りたいと思うのも納得できる。

高島城の石枡

御殿内に風呂があった城はかなりあるはずだが、現存していない。一般的に、町場の銭湯で湯に浸かる方法が定着するのは、近世後半だといわれている。城内に風呂があったとしても、湯に浸かるのか、蒸し風呂であったのかも注意する必要がある。豊臣秀吉が有馬《ありま》温泉に築いた湯山御殿《ゆやまごてん》（神戸市）では、蒸し風呂と水風呂（湯に浸かる風呂）の両方が検出されている。

福山城（広島県福山市）には伏見城（京都市）から移築されたと伝わる御湯殿が残っていたが、戦災で焼失した。現在は外観復元されている。名古屋城（名古屋市）本丸御殿にも御湯殿書院があり、サウナ式蒸風呂であった。これも戦災で焼失したが、復元され、公開されている。また、福井藩主松平氏の別邸であった養浩館《ようこうかん》（福井市）でも、復元ではあるが、御湯殿が見られる。

ただ、これらは温泉ではない。他に温泉があったことが確認できるのは甲府城《こうふ》（甲府市）で、楽屋曲輪に「眼の湯」と呼ばれる温泉が湧いており、近年の発掘調査でこの温泉跡が検出された。敷石状遺構と水路遺構により構成されるが、源泉の位置は発見されなかった。また、浴槽が想定できるが浅く、現代の入浴方法とは様相が異なっていたようだ。温泉地にある城は多いので、もしかすると、他にも温泉を用いていた城があったかもしれない。

それにしても、城内に温泉を引けるということは、それだけの導水技術が発達していたということである。上水道施設は江戸の遺跡でかなりの発掘例があるが、高島城と同じ長野県内でも、松本城（長野県松本市）やその城下町、松代《まつしろ》城下町（長野市）で木樋・竹管・集水枡を利用した水道施設が確認されている。とくに松本城では、いくつかの井戸から城内各所に水が行き渡るようになっていた。小諸城下町（長野県小諸市）でも、水道に使われたと思われる木樋が見つかっている。

また、高遠城（同伊那市）では「御用水」という、素焼きの土管を用いて城内に水を引く施設が造られている。この土管を作るため、美濃から陶工を招いたことが、高遠焼の始まりとなっている。こうした施設は地下に埋もれているため、発掘調査をしないとわからないものではあるが、今後注意していく必要があろう。

（関口和也）

56 城内に祀られたさまざまな宗教施設
――岩村《いわむら》城の神社

所在地：岐阜県恵那市岩村町
主な遺構：石垣・土塁・堀
主な城主：松平氏
石高：三万二〇〇〇石

日本三大山城として知られる岩村城は、近世初頭以降に逐次築かれ、改修された石垣遺構がみごとに残っている。また、周辺の尾根には、戦国期に遡ると考えられる曲輪や堀切等の遺構を留めている。そうしたなかに、二の丸には他の城郭では見かけることのない、特異な遺構がある。それは、約4メートル四方の石垣で囲まれた基壇で、周囲は空堀状になっている。現状を見ているだけでは、何であるのかわかりにくい。空堀であった部分はかつて池となり、基壇に向かって橋が架かっていた。そして基壇中央には、弁財天《べんざいてん》の祠《ほこら》が祀られていた。

この場所は、二の丸のほぼ中央部にあたる。弁財天は水の神なので、池の中に祀られていたのである。御神体は「玉」であったという。城郭内での類例は存知しないが、寺社の境内では池の中に祀られた弁財天の祠をしばしば見かける。山城である岩村城に弁天を祀ったのは、火除《ひよ》けを期待するところもあったのだろうか。弁財天は、岩村藩領であった駿河国広野（静岡市）から、文政三年（一八二〇）に勧請《かんじょう》された。城主が弁財天を信仰していたためである。城外に御旅所《おたびしょ》があり、毎年三月あるいは四月の巳《み》の日に祭礼が行われ、町方の願いにより、ご神体が迎えられ

岩村城にあった弁財天祠

ることもあったという。

ちなみに、弁財天を祀った祠は明治になって旧城下町のはずれにある隆崇院《りゅうそういん》境内に移築され、現存する。移築された建造物だけに、屋根や部材に入れ替えられた部分はあるが、岩村城に由来する、数少ない現存建築として貴重な存在である。

一方、二の丸の北側には八幡《はちまん》曲輪があり、最も高い位置に加藤景廉《かとうかげかど》を祀る八幡宮が鎮座していた。景廉は源頼朝の重臣で、文治元年（一一八五）に岩村城の周囲に広がっていた遠山荘《とおやまのしょう》の地頭《じとう》となっている。景廉の子孫とされるのが、戦国期に岩村城主となる遠山氏である。織田信長の攻略により岩村城主遠山氏は断絶するが、神社は継続して祀られた。八幡宮は武神であるから、城主の崇敬を受けたのであろう。二の丸からみれば、八幡宮は北東方向にあったから、鬼門除《きもんよ》けの役割も担ったのかもしれない。

八幡宮は、明治になって山麓の八幡神社に移されたが、本殿は幸い現存している。また、八幡宮があった二の丸には別途祠が祀られているため、かつての面影をいくらか留めている。八幡宮から石段を下った位置には、神宮寺《じんぐうじ》（薬師寺《やくしじ》）があった。『正保城絵図』には描かれていないものの、明治四年（一八七二）に作成された『富原文庫蔵 陸軍省城絵図』には、宝玉造りの屋根となった神宮寺や庫裏《くり》と見られる建物等を描いている。近隣にある恵那市の円頂寺《えんちょうじ》本堂には、岩村城天守にあったという天井絵（八方睨《はっぽうにら》みの龍）が残されている。岩村城に天守はなかったから、天井絵は神宮寺にあったものを移したのかもしれない。

このように、岩村城には近世に祭祀される弁財天、中世に遡る八幡宮（含む神宮寺）が合わせて祀られていた。他にも軽微な祠が、城内や家臣屋敷地内に存在していたのかもしれない。宗教施設の存在は、それを祭祀したり祈祷《きとう》したりする神官・僧侶の出入りもあったことを示す。岩村城八幡宮の禰宜《ねぎ》は、近隣の武並《たけなみ》社禰宜を兼ねる沼田《ぬまた》氏であった。

岩村城の弁天祠や八幡宮・神宮寺に関しては、もっぱら城主や藩士らが参拝していたであろうが、他の城郭では祭礼時のみに限って民衆に参拝を許す場合もあった。

このように、近世城郭では城内に複数の宗教施設が存在することがしばしばあった。それらが祀られる経緯もさまざまで、時に流行り神を、時に城主の武運長久を、転封に際して勧請を、という具合である。吉田城（愛知県豊橋市）では、城内四社と呼ばれる神社が祀られていたほか、幕末になっても、城主によって神社が他所から城外に遷座されるほどであった。

（髙田　徹）

57 具体例から探る破却の様子——高山《たかやま》城の城破《しろわ》り

所在地：岐阜県高山市空町
主な遺構：堀・石垣
主な城主：金森氏
石　高：三万三〇〇〇石

城破り（城割《しろわり》）とは、城を破却する行為・政策をさす。「破城《はじょう》」も同義であり、いずれも史料用語である。城を破却するのは、軍事的に必要がなくなったり、維持が困難になったり、あるいは敵方に利用させないために行う場合がある。また、破却にあたって象徴的に石垣を壊したり、マジカルな儀式や行為がなされる場合もある。

近世初頭の城破りとして著名なのは、江戸幕府によって元和元年（一六一五）に出された、いわゆる「元和一国一城令」である。西国を中心とする諸藩に対し、居城一城だけを残し、領内の支城を破却することを原則とした。例外的に破却を逃れた支城もあったが〈肥後加藤領の八代城〈熊本県八代市〉、紀州徳川領の新宮《しんぐう》城〈和歌山県新宮市〉等〉、多くの支城が破却された。

一国一城令後も、大名の改易や転封による領主不在、災害の影響等により廃城となり、破却された城も少なくない。ところが、破却の実態はあまり明らかにされていない。今後、史料の掘り起こしや、研究の深化が求められるところである。

そうしたなか、比較的破却の経過がわかるのは、飛驒国高山城である。金森《かなもり》氏代々の居城であったが、金森氏は元禄五年（一六九二）に出羽国上山《かみのやま》（山形県上山市）に転封されてしまう。旧金森領は天領となり、高山城はしばらくの間、加賀前田家に管理が任されたが、元禄八年になって、幕府は前田家に高山城の破却を命じた。これを受けて前田家では、まず諸費用・道具・大工・人《にん》足《そく》・日程等の詳細の見積もりを行い、あわせて破却の手順や破却によって生じる材木の処置等に関して幕府に伺いを立てている。加えて、加賀藩は現地（高山）と国元の連絡も密にし、かなり慎重に、そして事細かく破却を進めた。

高山城の城破りの痕跡

最初に破却されたのは本丸の三階櫓で、次いで斜面等に生育する樹木が伐採された。三階櫓は、実質的な天守である。樹木を伐採することで、破却の様子は遠方からでも望めるようになる。事実、外部（城下町側）からの視覚効果を意識して、三階櫓以下の破却が行われている。

破却は、計画的に、効率的に進める必要があった。平山城である高山城では、破却作業を進めるうえでスペース（曲輪）が不足する。建物はやみくもに壊されたわけではなく、大工が投入されて解体された。解体された部材は、後に払い下げされており、再利用することを前提としていた。そのために大工が投入されたのであり、解体した部材は一時的にストックする場所が必要となった。城内のあちこちで、無計画に解体が行われていたのならば、部材の搬出や諸々の作業に混乱をきたし、収拾がつかなくなってしまう。事前の破却計画が練られ、計画案に基づき破却が進められたのはこのためである。

また、解体現場では多くの人が出入りするわけだが、部材等が盗まれる恐れもあった。火災が生じる恐れもある。部材の盗難や火災が生じれば、加賀藩にとっては大きな責任問題になる。なので、破却中の城内には、不審な人物が出入りしないよう、監視体制をとる必要があった。出入りをチェックできるよう、必要最小限の虎口は維持されていた。

大工によって解体された建物に対し、石垣は崩すことに主眼が置かれていたから、人足が投入された。ただ、ケガ人が出ないよう、建物・石垣の破却のいずれにおいても注意が払われた点では共通する。この時期には、折しも元禄の生類憐《しょうるいあわれ》みの令《れい》が発布されていた。そのため、水堀の中に生息する魚類を殺さないよう溝を掘削し、近くの川に放流することも行われている。

現地（高山）からは国元（金沢）へ、国元からは幕府に対して事細かく報告がなされ、指示を仰ぎつつ、粛々と破却は進められた。万事、実にシステマティックに進められたのであった。これは、高山城の破却に限った話ではあるまい。部材の再利用、大工・人足の作業効率や安全性をふまえるとき、システマティックに破却を進めることは必要不可欠なのであった。

（高田　徹）

58 ハードルが高かった新規築城
――挙母《ころも》城の築城

所在地：愛知県豊田市小坂本町
主な遺構：石垣・櫓台
主な城主：内藤氏
石高：二万石

江戸時代に、新たな城を築くことは原則として禁じられていた。しかし、必要性があって諸藩から幕府に届け出がなされ、幕府の許可が得られれば、新規の築城も認められた。新規築城が認められた例として、幕末の海防が重要案件になった際の福江《ふくえ》城（長崎県福江市）、福山城（北海道松前町）が挙げられる。また、城主の地位が「大名格」から「大名」に上昇したときや、転封によって「大名」が新たな領地に移る際、その地位に対応した「城」が存在しない場合など、新規築城が許可されている。

後者の事例の一つとして、挙母城が挙げられる。寛延二年（一七四九）、上野国安中《あんなか》城（群馬県安中市）主であった内藤政苗《ないとうまさみつ》は、幕府の命により三河国挙母に転封され、あわせて「新に城郭を築くべきむね」の仰せを蒙った。挙母の地には、戦国・織豊期には城郭が存在していたし、近世初頭には衣《ころも》城・衣陣屋が設けられていたが、内藤氏の転封が決まった時点では、「城」と公称されるものが存在しなかった。内藤氏はもともと安中城主であったから、挙母でも城主の地位にふさわしい「城」が必要とされた。そのため、転封・築城を命じた幕府も、内藤氏に対して築城用

発掘調査で検出された挙母城の堀の土留め

に金四〇〇〇両を下賜している。

築城を命じられた内藤氏は、早速現地に家臣を向かわせ、陣屋・領地の接取を前領主の本多氏側から引き継いでいる。次いで軍学者に依頼して、新たに築く城の設計（縄張り）を行わせている。また、改めて現状の絵図、築城計画図など諸々を幕府に提出し、許可を仰いでいる。かなりの広さを有する「城」を築くにあたっては、集落を移動させ、道を付け替え、さらには田畑を潰さねばならない。田畑を潰せば藩としての収益が減るから、幕府からは代替地が別途与えられている。築城から完成までの間、幕府との報告・連絡・調整は不可欠であった。

宝暦元年（一七五一）に築城が開始され、同八年には御殿棟上、同十年には多門、明和三年（一七七三）には平櫓、明和六年には二重櫓が完成している。この間、藩主の入国もなされており、城郭としての体裁はかなり整えられた。しかし、同時期に領内で起こった強訴《ごうそ》、藩内での政争、そして城の東側を流れる矢作《やはぎ》川の氾濫・城内への浸水被害により、普請・作事は長期化した。最終的には、浸水被害が甚大化したため、近接する丘陵地（樹木台）への城地移転を幕府に申請するに至っている。幕府は「城」の移転を認め、新たな築城用に二〇〇〇両を貸し与えている。天明元年から同四年頃にかけて築かれたこの城は、現在、「七州《ひち》《しゅう》城」と呼ばれることが多い。それ以前の城は「桜《さくら》城」と呼んで区別しているが、公にはいずれも「挙母城」と呼ばれていた。

桜城では、陣屋跡を二の丸に転用し、その西側に本丸を設け、本丸の西・北・南側を囲い込むように曲輪を連ねる縄張りを計画していた。もっとも、築城計画図と明治期の地籍図を比較してみると、実質的に完成していたのは二の丸とその周辺に限られ、本丸とその周囲の曲輪はほとんど手つかずのままであったようだ。規模が大きく、軍学者によって設計された特徴的な縄張り（丸馬出と角馬出を持ち、大きく湾曲する塁線、複雑に折れ曲がる塁線が計画）は、幕府の許可を得られていたにも関わらず、政情・洪水、そしておそらく資金難によって、完成に到らず頓挫した。仮に洪水被害がなかったとしても、計画案どおりに進んだとは思えぬ節がある。二の丸の完成時点で、城郭として必要最小限の機能は備えていたとみられるからである。

ところで、桜城を築くにあたり、陣屋時代以前に形成された町屋が広がっていて、繁栄を見せていた。そのため、新たに城郭を築くにあたり、町家を強制移動させることはできず、町家の合間あるいは町屋が及んでいないところに、曲輪を連ねざるを得ない、妥協的な縄張りが計画されていた。このように、新規築城にあたっては、先行する地形は言うに及ばず、町家等の広がりに影響・規制を受けざるをえない場合もあったのである。

（髙田　徹）

59 メリットが大きかった城内の樹木
――犬山《いぬやま》城の樹木

所在地：愛知県犬山市犬山北古券
主な遺構：堀・石垣・天守
主な城主：成瀬氏
石　高：三万五〇〇〇石

木曽《きそ》川を背にした小山（城山）上に天守を構える犬山城は、白帝《はくてい》城の別名を持つ。本家白帝城は、中国四川省《しせんしょう》にあり、『三国志』にも登場する。長江《ちょうこう》畔に築かれた城郭なので、川を背負う選地の類似性からこうした呼称がなされ、近代以降に定着をみる。

周知のように、犬山城天守は昭和二十七年に国宝指定されており（昭和十年には旧国宝）、平成三十年には本丸を中心とした主要部が国指定史跡に指定されている。以前は、南側の城下町側からほとんど天守が見えなかったが、近年では、街路の北側奥にくっきりと見えるようになっている。これは、城山に生えていた樹木の伐採が進められた結果である。

近代以降、樹木保護の観点、あるいは単なる放置の結果、全国の城郭で樹木の生育が顕著となり、景観を妨げるようになった。また、樹木の根が石垣を孕《はら》ませ、さらには崩し、地中の遺構をかく乱する被害が出ているところもある。来訪者の安全確保が危惧される場合もあり、こうした樹木を「支障木《ししょうぼく》」と呼んでいる。

犬山城も例外ではなく、近年に行われた樹木の詳細調査の結果、支障木が明らかにされている。

支障木については、今後の状況を見極めつつ、切り下げ剪定・整枝・伐採が行われることになる。

明治初頭に撮影された犬山城の写真を見ると、城山の斜面はほぼ木々で覆われている。とくに、北側の木曽川に面した側は顕著である。それでも天守の最上階、川端にあった水手櫓の全体像は把握できる。木曽川側、つまり外側から天守や櫓を望めるということは、逆に天守や櫓からも外側が望みやすいということになる。外部を監視するうえで支障ない程度に、樹木は茂っていたことになる。具体的にいえば、生育状況をふまえつつ、定期的に枝払い、剪定、伐採が行われていたはずである。

木曽川畔から見た犬山城の城山

江戸期に描かれた犬山城の絵図を見ても、実に青々しく樹木が茂った様子を描いている。ただし、樹木が茂るのは城山斜面、城山の南西方向にある三光寺山《さんこうじさん》（慶長期まで犬山城の主郭の地であったとの伝承がある）斜面に限られる。城山の一部であっても、松の丸の南側切岸（斜面）は木々が描かれていない。どうやら、樹木を茂らせておく場所と、そうではない場所は区別されていたようである。

では、他の山城や平山城はどうだろうか。結論をいえば、絵図や明治初頭に撮影された古写真を見ても、基本的には犬山城と同様である。米子城《よなご》（鳥取県米子市）や姫路城（兵庫県姫路市）でも、斜面にはかなり樹木が生育している。

そもそも、樹木が延びていれば、城内側を隠す「かざし」としての役割が期待できる。また、樹木を生育させておけば、材木としての利用が可能となり、枝葉は燃料として重宝する。岩村城（岐阜県恵那市）では、城山の御用木は厳正に管理されていたが、分量を決めたうえで薪を採取することは住民に認めていた（「お城山廻り覚」）。枝葉を落としたり間引いたり、枝葉を採取するほうが、山林を維持する上で有益だったのだろう。

斜面の樹木を切り払ってしまえば、斜面が崩落しやすくなるし、風雨が強いときには、建物の壁に直接吹きつけて損傷させる可能性が高くなってしまう。確かに、樹木が茂っていることによるデメリットもあるだろう（敵が姿を隠しやすい、眺望を妨げやすい等）。それでも、樹木を茂らせておく効果は同等以上に存在したのであり、管理体制や日常の維持等によって、デメリットは十分に克服できたと思われる。

なお、中世山城の斜面について、樹木が残らず伐採されていたという説を耳にする。しかし、近世城郭の事例に照らせば、にわかに信じることはできない。伐採されたところもあっただろうが、場所に応じて、樹木を延ばしたままとしていたところも多かったのではないだろうか。

（髙田　徹）

60 造りかけで終わった城の謎 ——上野《うえの》城の縄張り

所在地：三重県伊賀市上野丸之内
主な遺構：堀・石垣・天守台・蔵
主な城主：藤堂氏
石　高：三十二万三九五〇石

三重県西部、伊賀盆地の中央部に築かれた上野城は、天正十三年（一五八五）に筒井定次《つついさだつぐ》によって築かれた。慶長十三年（一六〇八）に城主となった藤堂高虎は、同年より大改修を行う。五層五階の天守は、建築途中で暴風雨に見舞われて倒壊し、江戸期を通じて再建されることはなかった。代々の藤堂氏は、伊勢国内の津城（津市）を居城とし、伊賀国の上野城を支城としたうえで、城代に支配をさせていた。

江戸期の上野城は中途な縄張りで、明らかに造りかけ、未完成の様相を止めていた。すなわち、①築城時の天守倒壊後は天守台だけのままであった、②本丸周辺には石垣の背面に詰めるための栗石が積み上げられていた（現状では天守台裾に寄せられている）、③天守西側の高石垣の上には、櫓も塀も存在しなかった、④高石垣の端部にある虎口は、簡素な冠木門が建つだけだった、⑤本丸を囲む堀は、南側では途切れていた、⑥その他の堀や石垣も途切れた部分が多かった、⑦本丸南側には、芝地となった広い空地が存在していた、等となる。

①のように、天守が築かれなかった近世城郭は多くの類例があるし、これをもって未完成云々

上野城の高石垣

は語れない。しかし、②〜⑦の点は、縄張りとしての不完全さをぬぐえない。これをもって上野城は未完成、造りかけで中断した姿を止めていると考えることができる。

一方、本丸の東端にあり、城内の最高所である城代屋敷（筒井時代の本丸とされる）は、門や塀を備え、寛永期頃までは筒井期の天守（三層三階）を残していたようである。「御屋敷」と呼ばれる御殿も備えており、本丸にふさわしい構造・景観・機能を備えていた。

外郭部は堀や土塁によって城下町との間を明瞭に区画し、虎口には櫓門、土塁上には櫓を配置していた。前述のような不完全さはあったが、一応は切岸や高低差を利用して、ほぼ城域を確定していたといえる。軍事面での不十分さは否めないが、伊賀一国、藤堂領の支配拠点、上野城下町の核としての役割は、江戸期を通じて十分担っていたのである。戦闘状況がなければ、あえて縄張りを完成させる必要はなかったし、必要性があまりないところにあえて普請や作事を行っていない。むだを省いたということだろう。

ところで、江戸期の城郭は武家諸法度の発布後に改修、増築等が禁じられていたとみる向きが強い。もっとも、近世城郭の発掘調査、あるいは絵図資料を確認すると、決してそうではなかった実態が明らかになる。『正保城絵図』を見ると、弘前城（青森県弘前市）の本丸東側には「石垣築かけ」と記され、石垣を構築中であったことが記されている。現在、同じ位置には一続きの石垣が認められる。つまり、『正保城絵図』の成立後に、石垣は完成しているのである。

同じく『正保城絵図』の膳所《ぜぜ》城（大津市）では、城下町を囲む外郭の堀を灰色に描いている。他の水堀が藍色で描かれているのとは描き分けており、灰色の堀部分には「堀ニ仕度旨申上候所」と記される。すなわち、膳所藩側は外郭の堀を築きたいので、幕府に許可を申請している最中であると、わざわざ記している。『正保城絵図』では土橋の位置も明記し、しっかり外郭の堀の輪郭が描かれているが、結局完成することはなかった。当初は築く予定であったが、やがて外郭は必要不可欠な存在ではなくなってしまったのである。

このように『正保城絵図』の作成時、あるいはそれ以降であっても、幕府に申請して認められれば、改修・増築することは基本的に可能だった。あとは、届け出た藩がそれを実行するかどうかという話だったのである。

歴史に〝ｉｆ〟は禁物であるが、藤堂氏が転封され、替わって伊賀国一国を所領とする大名が入封した状況が起こっていたのならば、上野城も改修が加えられ、完成形態（少なくとも城郭としての完結形態）に近い構造になったのかもしれない。

（髙田　徹）

61 バリエーション豊かな落書き

——二条城《にじょう》の刻印《こくいん》

所在地：京都府京都市中京区
主な遺構：堀・石垣・御殿・櫓・門
主な城主：幕府直轄
石　高：幕府直轄

近年は鳴りを潜めた感があるが、かつて、手が届く場所にある城跡の現存建築には、至るところに落書きが認められた。相合傘や個人名だったり、誰かを罵倒する言葉や卑猥な言葉（絵を含む）等である。落書きは、城跡に限らず寺院・神社でもなされている。はては、街中の民家、ビルの壁やシャッターにもなされ、社会問題となることも多い。許可なく他者の所有物に対して行われる落書きは、器物損壊行為である。心理的に落書きは、自己顕示欲の表れと説かれることが多いようだ。

さて、二条城は慶長六年（一六〇一）に徳川家康によって築かれ、その後、三代将軍徳川家光《いえみつ》の時期に改修を受けている。江戸期を通じて、京都御所の守衛、将軍上洛時の宿館等の役割を担った。なんといっても、豪華絢爛な国宝二の丸御殿が最大の見どころである。もっとも、本丸の天守台や外枡形虎口、食い違いの仕切り門等、他にも見るべき遺構にあふれている。

外堀の西側に開く西門も、見どころの一つに数えられるだろう。西門は、城外側からは外観を望むことができるが、内側は観覧コースからは離れているうえ、立ち入り禁止エリアになっている。したがって、通常は内側に近づくことはできず、不定期の観覧ツアー等の機会を待つしかない。

西門は埋門形式であるが、内側には控柱がある。親柱と控柱は、控貫《ひかえぬき》によって固められている。このうち、北側の控貫には、おびただしい落書きがある。落書きといっても、控貫に彫り込まれたものであり、正確には刻印というべきものである。ただし、ここではあえて落書きと呼称しておく。

二条城西門控貫の落書き

控貫の落書きには、家紋や文字、大名行列の馬印《うまじるし》・旗印《はたじるし》等が見られる。元文三年（一七三八）の銘もある。ここから、落書きは複数の人間によって、長期にわたってなされたものと考えられる。場所的に考えると、西門の守衛者による所業であろう。控貫に落書きしようとすれば、門が開いた状態では難しい。門が閉められた状態にあるか、せいぜい潜り戸が開かれた状態にあることが前提となる。

南北にある控貫のうち、北側の控貫だけに落書きがある。なぜ南側の控貫にはないかといえば、そちらに近接して潜り戸があるからだろう。潜り戸の開閉や、それにともなう人の出入りが支障になったと考えられる。すなわち、門の守衛者は北側控貫の近くで待機し、落書きを繰り返したと思われる。

そうはいっても、城郭建築に対して落書きを行うことは、当時にあっても不埕行為であったのは疑いない。よくまあ、人が変わっているはずだが、これだけ落書きを重ねたものだと呆れてしまう。発覚したり、あるいは途中でストップがかからなかったのは、それほど人の出入りが多かった場所ではなかったためではないか。加えて、城内の管理・維持責任者が、それほど厳密に城内を見回っていなかった証左になるのではないか。

ちなみに、城内の他の門・櫓等には、同様の落書きは見られない。落書きがなされる場所もあれば、落書きがなされない（落書きがしにくい）場所もあるということである。ただし、あまりに落書きがひどく、部材が入れ替えられてしまっている可能性も考えておくべきかもしれない。門ではないが、二の丸御殿御清所の溜の間か宿直の間と思われる部屋には、墨で馬の戯画や「宝暦」等の戯書が多く見られる。ここでも本来の業務をさぼり、退屈にまかせて落書きに走った守衛者たちの姿が思い浮かぶ。

なお、ここで挙げた落書きとは同列に扱えないが、各地の城郭建築の解体修理を行うと、仕口《しぐち》や継手《つぎて》、部材の一部に大工たちの戯画等が発見されることもある。これらには、まじない的な意味があったと説かれることが多い。

（髙田　徹）

62 どこに設置するのが効果的だったか
――出石《いずし》城の太鼓《たいこ》

所在地：兵庫県豊岡市出石町
主な遺構：石垣
主な城主：小出氏・仙石氏
石高：三万石

慶長九年（一六〇四）に、小出吉英《こいでよしひで》によって築かれた出石城・城下町は、「但馬の小京都」と呼ばれる。出石名物といえば、なんといっても皿そばで、宝永三年（一七〇六）に城主となる仙《せん》石《ごく》氏によって、広められたという。仙石氏はそれ以前、信濃国上田《うえだ》（長野県上田市）を領していた。上田は、昔も今も、そば処として著名である。

では、出石の代表的名所といえばどこか？ 出石城跡を第一に挙げたいところだが、観光客が出向き、カメラを向ける名所といえば、間違いなく辰鼓楼《しんころう》である。辰鼓楼とは、出石城追手門脇の櫓台上に、明治四年（一八七二）に建設された楼閣である。

江戸期の出石城では、東門近くの櫓内に太鼓が吊られ、必要に応じて太鼓が鳴らされていた。これとは別に、城下の昌念寺《しょうねんじ》の鐘が、時を告げる役割を担ってきた。明治二年になると、鐘に替わって、櫓にあった太鼓を一時間ごとに鳴らして時刻を告げるようになる。しかし、城下側には響きにくかったため、新たに築いた辰鼓楼で時の太鼓を鳴らすようになった。辰鼓楼が建設されたのは明治四年だが、廃藩置県《はいはんちけん》の前である。明治六年の存廃決定（俗にいう廃城令）以前でも

出石城の辰鼓楼

あるから、辰鼓楼は出石城に関わる遺構といって誤りない。もっとも、明治十四年になると太鼓に替わって大時計が設置され、現在に至っている。太鼓は皮が破れた状態ながら、今も辰鼓楼内に置かれているという。

辰鼓楼の裾部は、緩やかに湾曲する袴腰《はかまごし》となっている。鐘楼に似た外観であるが、全体が約13メートルの高さを誇る。四階構造だが、最上階だけは物見《ものみ》のような造りになっている。最上階は普段、板戸で覆われているが、板戸を開けると開放的な外観となる。そのうち、北側の城下町側のみ時計が据えられている。

辰鼓楼の最上階が高い位置にあって、さらに物見のような造りになっているのは、太鼓の音を四方に響き渡らせるためであろう。壁を設ければ音の伝わる範囲は狭まるし、反響によって音が鈍くなってしまうと思われる。

さて、各地の城郭・城下町には、太鼓櫓・太鼓門・時鐘の類が存在し、時刻を知らせたり、登城・下城を知らせたり、緊急時の招集時等に鳴らされていた。

櫓や櫓門の上層に鐘や太鼓を設ける場合は、壁のスペースを減らして開放的な造りとする傾向がある。実例を挙げると、移築建造物ながら、神戸《かんべ》城（三重県鈴鹿市）太鼓櫓は、四面の上部が連子となっているし、園部《そのべ》城（京都府南丹市）太鼓櫓は二階の窓がかなり広くなっている。土浦《つちうら》城（茨城県土浦市）太鼓門は、櫓門ながら二階の四方には窓を開けている。一般的に、櫓にせよ、櫓門にせよ、城内側に対して窓をあまり設けないものである。これに対して太鼓櫓・太鼓門では、窓を四方に設け、かつ、開口部を広くしている。壁のスペースが減ると、強度面で支障が出てしまうが、それ以上に音響効果の方を重視したのであろう。

太鼓が置かれていた場所は、一般的には大手門近くが多かったようだ。登城にあたって、進むべき方向から音が聞こえてくるほうが効果的であったと思われる。太鼓や鐘は、藩士の登城・下城に加え、有事の際に着到《ちゃくとう》を促す役割も担った。太鼓・鐘を据えた位置は、縄張り上の要（もしくはそれに隣接した位置）であったのである。音響効果も意図しつつ、位置が勘案されていた可能性が高い。

ならば、出石城では当初、追手門側ではなく東門近くに太鼓が置かれていたのはなぜなのか。ここで理由を明らかにすることはできないが、縄張りや音響効果、その他の理由も含めて考えてみるべきであろう。

（髙田　徹）

63 縄張りに表われた軍学者《ぐんがくしゃ》の関与
——赤穂《あこう》城の縄張り

所在地：兵庫県赤穂市上仮屋
主な遺構：堀・石垣・天守台
主な城主：浅野氏
石　高：二万石

赤穂城の地には、戦国期に砦があったというが、実態は明らかではない。慶長五年（一六〇〇）に播磨一国を領することになった池田輝政は、姫路城（兵庫県姫路市）を居城とし、支城の一つとして赤穂城の整備を進めた。当時の赤穂城は「掻上城《かきあげ》」と呼ばれ、絵図を見ると、本丸とその北側にある馬出のみで構成された、比較的簡素な縄張りであった。また、城は千種川《ちくさがわ》河口近くの低湿地にあり、周囲には畑やヨシが茂った中州になったところが多かったらしい。

正保二年（一六四五）に入封した浅野長直《あさのながなお》は、家臣で甲州流軍学者であった近藤正純《こんどうまさずみ》に縄張りを担当させ、赤穂城を慶安元年（一六四八）から大改修する。承応二年（一六五三）には、赤穂藩に預けられていた、軍学者であり思想家でもあった山鹿素行《やまがそこう》の意見を取り入れて、二の丸虎口の縄張りを変更したとされる。こうして、寛文元年（一六六一）に赤穂城は完成し、従来の縄張りを一新した。

実際、その縄張りをみても、他の城郭ではあまりみられない、軍学者の関与をうかがわせる特徴的な造りが多く見られる。順に挙げていくと、①三の丸の北西には、まっすぐ伸びた石垣の中央部に、三角形に突き出した箇所が見られる。屏風折れの石垣であり、横矢掛かりを意図したものである。通常、屏風折れは土塀で築かれる場合が多いが、石垣で鋭角的な突き出しを造り出している。かなり強引に、形式的に築いた印象をうける遺構である。

赤穂城三の丸北西の屏風折れの石垣

②赤穂城には方形の櫓台が多く築かれるが、そのうちのいくつかは、もともと上部に櫓が建たない「横矢枡形」と呼ばれるものであった。ただし、外見上はなんら櫓を建てた櫓台と変わらない。これら櫓台や横矢枡形は、続きにある石垣塁線よりも大きく外側に張り出す。続きにある石垣塁線よりも外側へ張り出す櫓台自体は、決して珍しくはない。

しかし、赤穂城ほど張り出した櫓台は、そうそうない。しかも、張り出した櫓台の塁線が、続きにある石垣塁線と平行しない部分が散見される。これに関連するが、本丸の塁線は櫓台や「横矢枡形」を交えつつ、異様に折れ曲がる。その結果、極めていびつな形態となっている。

③二の丸の南側では、石垣塁線が曲線を描く。防御上、死角をなくす効果をねらったものと思われる。城郭の石垣は、一般的に曲線ではなく直線である部分のほうがはるかに多い。

①〜③は、軍学者の意図が如実に表れた縄張りであったといえよう。①や③は、土塁ならば築きやすいが、石垣ならばそうはいかないものである。かなり強引に築いた感があるし、それだけ時間も経費も余計にかかったと思われる。また、町屋が建て込まない畑やヨシ原が本丸周辺に広がっていたことも、普請を進めるうえで都合がよかったのだろう。挙母城（愛知県豊田市）のように、既存の町場が城の縄張りを規制する恐れはほとんどなかった。そうでなければ、こうした自由度のある縄張りを実現するのは困難であったはずだ。

もっとも、①〜③の特徴は、城のメインルートからいえば裏手であったり、目立たない場所に固まって用いられる傾向がある。例えば、①の屛風折れから堀を隔てた西側正面は、家臣屋敷となっている。北側の堀端を通る道からは、屛風折れを見ることができるが、距離が開くうえ、ほとんど目立たない。こんな場所に単独で設けても、防御上はほとんど役立たないだろう。③は、海上側から見える位置に築かれている。舟でも利用して城外から眺めなければ、気がつきにくい遺構である。

これに対して、三の丸の大手門付近や本丸北側の本丸門付近は、比較的他の近世城郭でも見かける造りで占められている。逆にいえば、軍学的に特徴的な遺構は、大手門をはじめとする主要虎口・通路付近にはあまり設けられていない（目立たないところが多い）。ここからは想像になるが、軍学的な縄張りを大々的に織り込みたくとも、軍学者あるいは藩主側にはためらわれるところがあったのではないか。近世には、さまざまな流派の軍学が藩士層を中心に広がり、そこでは城の縄張りをめぐる教授・議論も行われた。しかし、机上で行う縄張りと実際に行う縄張りとの間には乖離があったし、彼ら自身、認識する面があったのかもしれない。軍学の影響があるとはいえ、赤穂城には現実的な妥協があちこちに表れているのではないだろうか。

なお、赤穂城の本丸内部、南東隅近くには石垣で築かれた天守台がある。江戸期を通じて天守台が建てられることはなかったが、一説によると、五層天守を計画していたともいう。真偽は定かでないが、城下町の一角にある浅野家の菩提寺・花岳寺《かがくじ》には、五層の赤穂城の天守模型がある。

しかし、現存の天守台は本丸庭園の合間にある。また、天守台上に天守が建つ状況を想定してみると、その北西方向に広がる本丸御殿の日照を遮ることになる。一般的に、こうした形で天守（台）と御殿を配置することはほとんどない。であるから、赤穂城の天守台は、多分にお飾りか、日常的な城郭としての機能を重視しなかった軍学者の発案によるものだったのではないか。このように考えてみると、庭園の合間に見える天守台はまるで築山のように見えてしまうから不思議だ。

（髙田　徹）

64 山麓居館の平山城《ひらやまじろ》は山城の一類型か
――龍野《たつの》城の立地

所在地：兵庫県たつの市龍野町
主な遺構：石垣
主な城主：脇坂氏
石　高：五万一〇〇〇石

龍野は脇坂《わきさか》氏五万石余の城下町で、町の東側を流れる揖保川《いぼがわ》と古い町並みが魅力的な、小京都のひとつである。町の北側には、標高211メートルの鶏籠山《けいろうざん》が名称のとおりの形でそびえ、城はその山麓にあった。

現在、城内には龍野歴史文化資料館があり、絵図などの関係史料を見ることができる。そのほか、二基の櫓と御殿が復元されている。ただし、南西隅の二層櫓は模擬で本来はなかったものであり、御殿についても、絵図などの史料を参考にしたのは外観の一部である。むしろ、城好きの見どころは、山頂の遺構であろう。こちらには、古様の石垣が残り、蜂須賀小六や豊臣家直轄時代にまで遡る可能性が高い。また、山麓との間の斜面には、城域を区画する大規模な竪堀も見られる。

このように、城は山上の詰城と山麓居館により構成されるが、城郭事典などでは平山城とされることが多い。これは、山上部が近世初頭に廃され、江戸時代には山麓のみが城として使われたためである。同様の事例としては、出石城（兵庫県豊岡市）や洲本城（同洲本市）がある。錦帯《きんたい》橋《きょう》で有名な岩国《いわくに》城（山口県岩国市）も、元和の一国一城令で山城が廃されたため、江戸時代は山麓居館のみであった。

イメージを掴むうえで、山城・平城・平山城という分類は、それなりに便利である。ただ、山城や平城に比べて、平山城は多様である。比高100から150メートル前後が山城と区分する目安となるが、高さよりも、山地と平地の両方にわたって築かれることが重要とされる。西股総生氏は曲輪としての山腹斜面の利用状況から、AからCまでの三タイプに分類している。

龍野城跡と鶏籠山

立地から見ると、低山、台地や段丘の端、山麓の三種類で、さらに低山は、姫路城（兵庫県姫路市）や篠山城（兵庫県篠山市）、岡山城（岡山市）など独立した小丘陵の利用と、小田原城（神奈川県小田原市）や福岡城（福岡市）のように、尾根続きを堀切などで切断したものに分かれる。台地端のものは明石城（兵庫県明石市）や江戸城（東京都千代田区）であるが、平城に分類されることもある。大坂城（大阪市）や名古屋城（名古屋市）のように、比高差が少なく台地続きに城下町がある場合は平城、熊本城（熊本市）や明石城など、台地の下に城下が存在するときは平山城とされることが多い。西股氏はこれらをさらにDタイプとする。ただ、自然地形を防御に活用しながら、弱点となる尾根や台地続きに対しても堀切や曲輪の重層化による強化を試みる点で、この二つは縄張りとして共通性がある。それに対して、龍野城のように防御の要である背後の山上を城として（少なくとも公式には）使用しないのは異質である。

一方、近世初頭の山城では、山上の城郭を縮小しながら、山麓部を拡充する動向がみられた。鳥取城（鳥取市）では、山上の本丸天守が元禄五年（一六九二）の焼失後は再建されず、山麓二の丸の「御三階」櫓が実質的な天守となる。さらに、萩《はぎ》城（山口県萩市）では、当初から天守は山麓の本丸に築かれ、指月山の詰城は小規模で、出丸というべきものであった。山麓タイプの城は、平山城というより、詰城が省略された山城の一類型とみたほうがよさそうである。

このように、背後の山城を封印した城は、支城や小藩の事例が多い。しかし、薩摩島津氏の鹿児島城（鹿児島市）もこのタイプなので、それだけが理由とはいえない。背後の山に潜在的な詰城をみる説もあるが、格式などの視覚的な演出効果も無視できない。低山に立地する平山城においても、小田原城や備後福山城（広島県福山市）、松江城（松江市）のように、元和前後から背後の防御が手薄となる縄張りが出てくることを考えると、龍野城も近世城郭における軍事性から象徴性への比重の移行を示しているとみたい。

（多田暢久）

視点4

発見された陸軍省城絵図

『富原文庫蔵 陸軍省城絵図――明治五年の全国城郭存廃調査記録』（戎光祥出版、二〇一七年）は、新政府が明治五年（一八七二）に都道府県に作成を命じ、提出させた絵図群である。陸軍が管轄する「存城」、大蔵省へ移管する「廃城」を選別する際の基礎資料として作成されたと考えられている。詳細は割愛するが、資料的価値が極めて高い絵図群である。

　ただし、同書に収録されている一二四枚の絵図は、本来の数ではなく、総数は不明である。経緯は不明だが、絵図群はフランスに渡り、近年になって国内に戻された。その過程で散逸したものがある。関東・九州の城が少なく、四国の城は皆無で、名古屋城、大坂城等の著名な城郭がかなり抜けている。そのため、ある意味マイナーな城の絵図が目立っている。

　しかし、マイナーな城の中には同書で初めて絵図が確認され、構造の詳細が知られるようになったものが少なくない。マイナーな城の絵図を多く収録していることも同書の特徴であり、その価値を高める要素となっている。

（髙田　徹）

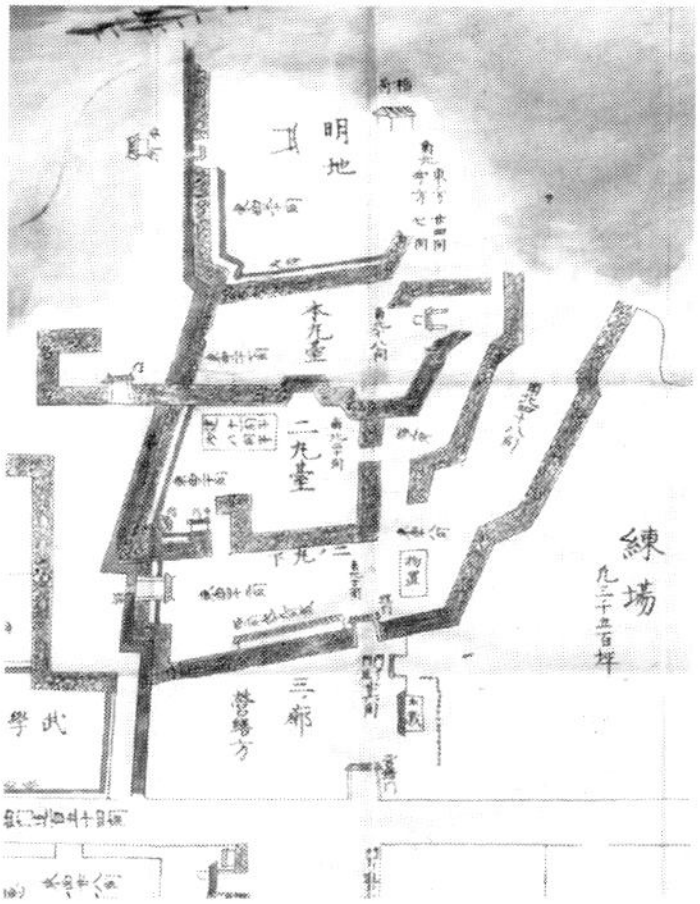

陸軍省城絵図に描かれた出石城の中心部分　しろはく古地図と城の博物館富原文庫蔵

65 転封・取り潰しの際の受け取り作法

——津山《つやま》城の城付《しろつき》武具《ぶぐ》

所在地：岡山県津山市山下
主な遺構：堀・石垣・天守台
主な城主：森氏・松平氏
石高：十万石

江戸期の大名は、幕府からしばしば転封の命を受け、新たな領地、新たな居城に移動した。また、嗣子がなかったり、お家騒動や何らかの失態をおかすと、減封・取り潰しの対象となることもあった。居城には新たな大名が入城するのが一般的だったが、入城する大名がいない場合は、幕府が暫定的に管轄するか、あるいは取り壊されることになった。

城郭を城郭たらしめるのは、防御施設の存在である。天守・櫓・門・多門・塀等であり、それらに設けられた狭間や落し等である。しかし、防御施設を運用するのは人間であり、人間の存在なくして機能しえない。そして、防御にあたって必要となるのは、武器である。武器を用いて迎撃することで、相手の動きを封じ、撃退できる。場合によっては、せん滅することも可能となる。人間と武器がなければ、城郭ならではの防御性を発揮できないのである。

大名もしくはその家臣らが、転封あるいは改易に際して居城を明け渡す際、私有物は持ち去ることが許されたが、城内の武具・道具類・兵糧は目録を作成のうえ、幕府（実際にはその上使、城を受け取る担当の大名）に提出し、次に入封する大名へ引き継がねばならなかった。武具については「城付武具」「城付道具」と呼ばれた。「道具」には、武器自体を指していう場合がある。城の規模が広ければ、それに見合った武具類が必要になる。狭間が多く設けられていれば、それに応じた武具類がなければ役には立たない。城郭と武具類はセット関係になってこそ有効に機能するのであり、セット関係は維持しなければならなかったのである。所領も城も幕府からの預かりものであるのならば、武具類もまた、幕府からの預かりものである。それらは大名の私有物ではなく、いわば公有物なのであった。

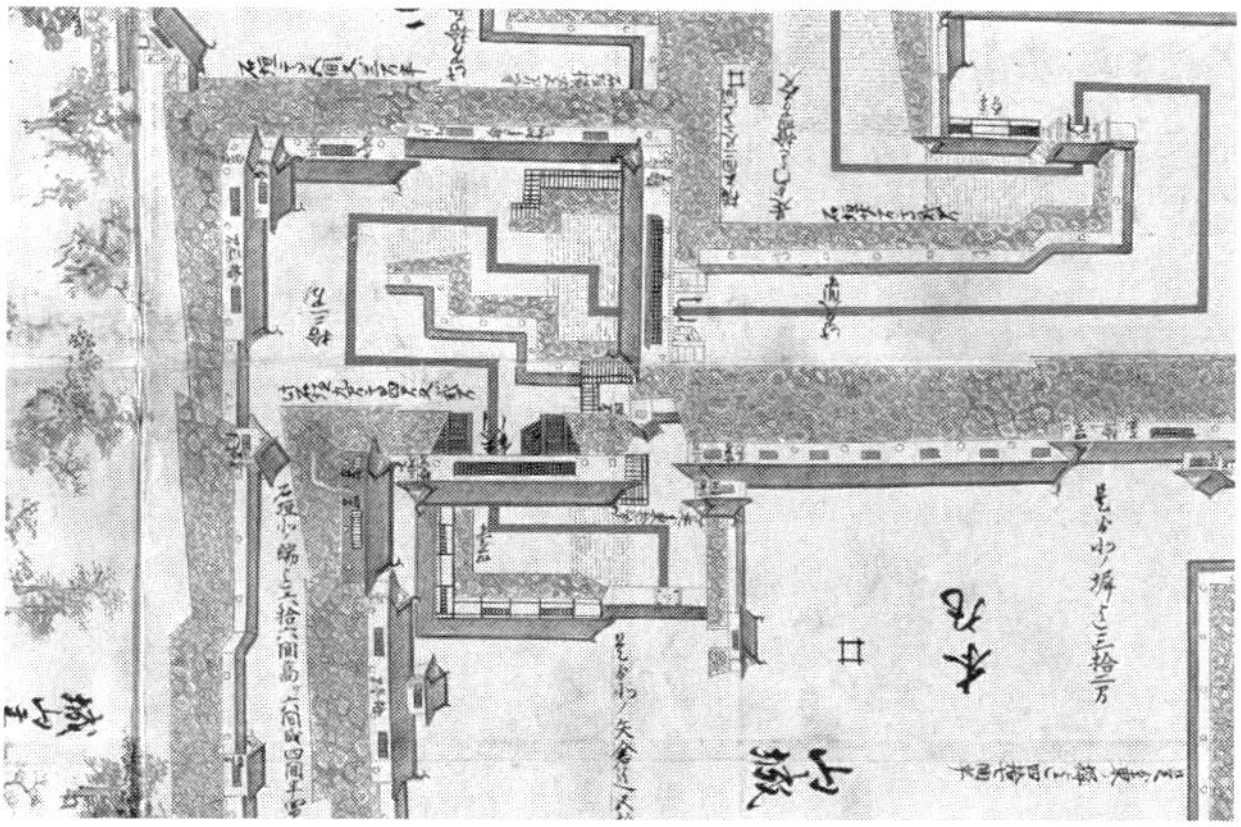
『正保城絵図』に描かれた津山城の切手御門　国立公文書館蔵

　そのため、大名は転封にあたって私有物と公有物を区分したうえで、新たに入城する大名に公有物を引き継ぐ必要があった。引き継いだ大名の側は厳正に管理し、維持することが義務化された。ちなみに、伊保《いぼ》陣屋（愛知県豊田市）では廃絶にともない、城付武具は江戸に回されて幕府に収公されている。それは陣屋の後を継ぐ領主がいなかったためであると考えられる。

では、城付武具にはどのようなものがあっただろうか。「作州津山御城内之記」によれば、津山城には「鉄炮千挺玉箱五拾荷二之丸櫓ニ有封侭」「弓矢根足軽具足切手御門櫓在之　封侭」「長柄弐百本二之丸櫓ニ在之」「石火矢弐挺虎之間庭ニ在之」とある。つまり、鉄砲一〇〇〇挺と弾丸の入った五〇箱、長柄槍が二〇〇本、二の丸の櫓内部に収められていた。

また、二の丸の切手《きって》門には、矢じりと足軽の具足が収められていた。鉄砲と矢じり等は封がなされた状態となっており、封を開封することなく引き継がれたようである。このことは、公有物としての鉄砲は、使用される機会がほとんどなかったということにほかならない。上記の鉄砲類は、あくまで城付武具にすぎず、大名側が私有する鉄砲類は別途に存在していた。少々使う程度ならば、大名の私有物の鉄砲類が用いられたのではないか。

津山城の切手門跡

城付武具が二の丸に集中して収められていたのは、場所を固めたほうが管理しやすかったからであろう。ちなみに、宝永三年（一七〇六）には昇櫓の損傷にともない、内部にあった長柄槍を別の櫓に移している。安永六年（一七七四）には弓櫓の矢が、文政五年（一八二二）には鉄炮櫓にあった火縄が、それぞれ雨漏りにより使い物にならなくなっている。武具類には、季節ごとに風通しが行われていたが、不慮の事故で失われたり、使い物にならなくなる場合もあったのである。

本丸には、御殿東側にある虎之間前の庭に大砲が二門置かれていた。『森家先代実録』付図によれば、大砲は雨ざらしの状態で置かれていたようだ。江戸期において、大砲を城内に備えた城郭は多かったが、実際に使用を前提とするような場所で保管されていたのかどうか、確認していく必要があるだろう。

本丸にも多くの櫓があり、中には燭台《しょくだい》・行燈《あんどん》・釜・荷桶・三ツ道具（捕り物道具）等、極めて雑多なものも収められていた。城付武具の実態や櫓や櫓門内部の使用状況は、他の城郭でもおよそ似たようなものであった。

ちなみに姫路城（兵庫県姫路市）の天守群には、おびただしい数の火縄銃や槍等を掛けていた武具掛、火縄や火薬等を掛けていたという火縄掛が残される。姫路城の例が一般的だったとは言い切れないが、江戸期の城の櫓や多門には武器・武具類を収蔵したものが存在していたのである。

（髙田　徹）

66 縄張りに反映されたマジカルな遺構
――日出《ひじ》城の鬼門櫓《きもんやぐら》

所在地：大分県速見郡日出町
主な遺構：堀・石垣
主な城主：木下氏
石　高：二万五〇〇〇石

「鬼門《きもん》」とは、陰陽道《おんみょうどう》でいう鬼が出入りする方向であり、北東（艮《うしとら》）方向を指す。鬼が出入りする方向だから、神仏を祀ったり、忌むべき施設を設けるのを避けたりする。城郭では北東隅の塁線を、①凹ませて入隅《いりすみ》とする、②面取《めんと》りしたように鈍角に折る、③寺社を設置する、等の処置がなされることがあり、これらを「鬼門除《きもんよ》け」と呼ぶ。軍事性を第一とする城郭にあって、時に縄張りに反映されることもあった、マジカル的な遺構である。

鬼門除けの代表例といえば、日出城本丸北東隅にあった鬼門櫓である。鬼門櫓は、明治六年（一八七三）の廃城後も残されていたが、大正十年（一九二一）に民家に移された。しかし、平成二十二年に二の丸の一角（元の位置ではない）に戻され、一般公開されるようになった。鬼門櫓の一階・二階の北西隅は、面取りしたようになっており、角がない。屋根も壁に対応した造りになっている。こうした造りとするためには、通常は北西隅に一本で済むはずの柱を二本建てなければならず、柱上に乗る梁も変則的に渡さなければならない。かつて鬼門櫓があった場所は、日出小学校の校内となるが、石垣は残されている。ただし、付近の石垣は相当改変され、一方向は新たに設けられた石垣で閉塞されている。そのため改変以前の、鬼門櫓が建っていた当時の石垣上部の詳細は定かではない。

櫓そのものが、②のようなかたちで鬼門除けとなった事例は、他に耳にしたことがない。ただし、曲輪や石垣が①②のようになっていた例はいくらかある。柳生《やぎゅう》陣屋（奈良市）の家老屋敷跡の石垣は、②のタイプである。一つの石を面取りしたうえで積み重ねた状態としていて、手の込んだ造りである。加えて、屋敷の他の石垣には同じ状態が認められない。これならば、鬼門除けとしか考えようがない。もっとも、北東隅の曲輪以外にも石垣が広範囲に折れていたり、面取り状に折れていたりする場合は、注意が必要である。鬼門除けとして折れているのか、それ以外の理由で折れているのかを見極める必要がある。地形的に、あえて北東隅だけを折る必然性がなく、他に同様の折れが見られない場合には、鬼門除けであった可能性が高くなる。

日出城の鬼門櫓

例えば、上田城（長野県上田市）では本丸・二の丸のそれぞれ北東隅、二の丸の東側にあった御中屋敷の北東隅に①の折れがあった。とくに本丸では、入隅を作ることによって生じる二つの角にそれぞれ二重櫓を設けていた。入隅を作らなければ、二重櫓を一つ設けるだけで済むところを、わざわざ近接した位置に二つの櫓を設けていた。弘前城（青森県弘前市）では、本丸の北東隅が②の折れとなっている。本丸全体は方形プランであるうえ、地形的に影響を受けるような場所でもない。そして鈍角に折れているため、石垣隅部に櫓を建てにくくなっている。そのためこの部分の塁線を隠すように、対岸の北の郭が飛び出している。その飛び出した部分には、豊臣秀吉を祀った館神が鎮座していた（現在は、発掘調査で確認された柱穴跡を表面表示する）。上田城や弘前城の折れは、鬼門除けと理解しやすい事例にあたる。

一方、篠山城（兵庫県篠山市）では本丸の北東隅が折れている。しかし、同様の折れが他の部分にも認められる。このため、北東隅の折れだけをもって、鬼門除けと判断することが難しい。こうした城郭は意外に多くあるし、その中にも鬼門除けが含まれている可能性を否定できない。どの曲輪（部分）から見た場合の北東隅なのか、①②のような鬼門除けの初現はいつまで遡るのか、鬼門除けを縄張りに採用するにあたっての影響（前後の縄張りに影響を与えやすい）等、今後検討すべき課題は山積みである。

なお、日出城では、とくに地形に影響を受けた形跡もないのに、本丸北東隅が入隅になって折れ、その一角に鬼門櫓が建っている。いわば鬼門除けが二重になっているかのようであるが、異なる時期にそれぞれの鬼門除けが成立している可能性もある。

（髙田　徹）

67 たびたび再建された天守の代わり ——八代《やつしろ》城の小天守《しょうてんしゅ》

所在地：熊本県八代市松江城町
主な遺構：堀・石垣・土塁・天守台
主な城主：松井氏
石　高：三万石

八代城（松江城）は、地震によって倒壊した麦島《むぎしま》城に替わって、元和六年（一六二二）に築かれた。すでに元和の一国一城令が発布された後だったが、加藤忠広《ただひろ》の領する肥後国南部を守る支城として、続いて細川領の支城として、明治初頭まで存続した。八代城は、加藤領の南、鹿児島城の島津領への備えとして、幕府から支城としての維持を認められていたと言われる。

現在の城跡は、本丸の堀・石垣と北の丸にあった庭園「松浜軒《しょうひんけん》」等が残される程度である。本丸の北西隅には、穴蔵をともなう天守台がある。天守台の東側には虎口があり、天守台の南側には、石塁（橋台）を介して小天守台が設けられている。

こうした天守台周りの縄張りは、南側に単独で小天守台を持つ点、橋台で小天守台と結ばれる点で、名古屋城（名古屋市）に酷似する。忠広の父・加藤清正は、名古屋城天守台の石垣普請に関わっているから、そのときの知見や影響を受けて築かれたためなのかもしれない。

小天守は二層二階で下見板張りの外観であり、城内の他の櫓に類似した外観だったようである。一方、天守は四層四階穴蔵一階であった。ちなみに、本丸の北西隅には三階櫓も存在していた。

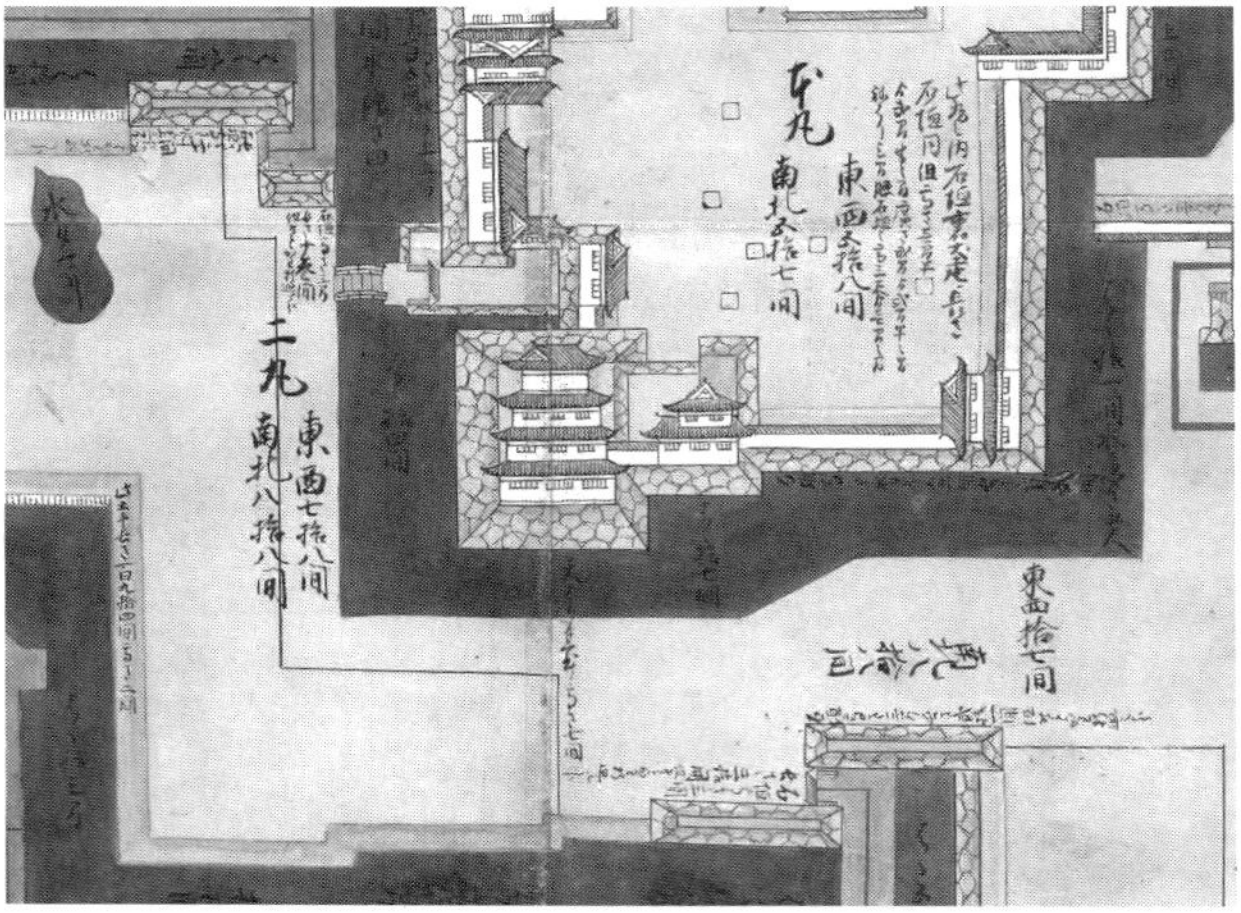

『正保城絵図』に描かれた八代城の天守と小天守　国立公文書館蔵

天守は延宝元年（一六七二）の落雷で焼失し、小天守も延焼した。以後、天守は再建されなかったが、小天守以下の建物は再建されている。さらに、寛政九年（一七九七）の火災でも小天守等が焼失しているが、このときも再建されて明治を迎えている。天守と小天守とは、規模（部材・費用面に関連）、幕府への届け出（武家諸法度）等の面で扱いが異なっていたといえよう。

ところで、小天守は字義的にいえば、小さな天守ということになる。各地の事例を概観すると、①天守に隣接して存在、②天守に次ぐ規模、③外観上、他の櫓と差別化がなされる、場合が多い。

八代城は、前記のように①・③は当てはまるが、別に三階櫓が存在していたから、②については当てはまらない。

もっとも、小天守と呼ばれた櫓は、城郭ごとに多様であった点にも注意が必要である。小倉城

(福岡県北九州市)や高島城(長野県諏訪市)の小天守は、天守に付属する平屋の多門のようであり、①②③とも当てはまらない。小天守の中にも、地域性や城主等の好み等により、呼称の違いがみられたと思われる。織田信長期の坂本城《さかもと》(大津市)には、史料上「小殿守」と呼ばれた建物が存在していたことが明らかである。ただし、同じ文脈の中に対応すべき「殿守」が記されているわけではない。また、「小殿守」に関しては、近世城郭の①②③のような小天守が想定できるとは限らない。よって、小天守の存在＝天守を含めた連立式を考えてしまうのは早計であろう。

ちなみに、大洲城(愛媛県大洲市)は①②③に当てはまり、小天守と呼ぶにふさわしいが、それぞれ高欄櫓・台所櫓と呼ばれる二重櫓を連結させていた。大洲城天守は平成十六年に再建されているが、二棟の二重櫓は現存し、重要文化財に指定されている。

なお、江戸城や大坂城では、天守の入り口前に巨大な枡形状を呈する櫓台だけを築いて、「小天守台」と呼んでいた。築城時から小天守の建築を前提にしていなかったことは、大坂城の小天守台上にある井戸に、屋根(井戸屋形)が設けられていることからも明らかである。屋外にあり、覆屋となる小天守が存在しないから井戸屋形(屋根)が必要とされたのである。こうした櫓台が「小天守台」と呼ばれたのは、天守に付属して存在した小天守の退化(もしくは進化)を前提とする、とみなすこともできるだろう。もっとも、これは徳川氏直轄城郭に限った話なので、他の城郭も同様に理解できるわけではあるまい。

(高田　徹)

【主要参考文献】

赤在義信二〇一一『但馬の城下町　出石を歩く』（地域の歴史文化を伝える会）
阿部秀典一九九一「沼田城と土岐館」（『群馬文化』二二五、群馬文化の会）
伊藤ていじ一九六三『城とその町』（淡交新社）
恩賜元離宮二条城事務所一九六二『重要文化財二条城修理工事報告書第四集』（元離宮二条城事務所）
犬山市教育委員会二〇一七『犬山城総合調査報告書』
岩槻市教育委員会二〇〇五『岩槻城と城下町』（岩槻市教育委員会）
岩村町教育委員会二〇〇〇『珍事記』（岩村町教育委員会）
植村　佐一九七〇『諏訪高島城』（日本城郭協会）
大阪城天守閣二〇一七『幕末大坂城と徳川将軍』（大阪城天守閣）
太田秀春二〇〇二「仙台藩の城郭にみる格式意識」（『地方史研究』二九六、地方史研究協議会）
太田秀春二〇〇五「幕藩体制下における支城の修補と管理：仙台藩の事例を中心に」（『城郭史研究』二五、日本城郭史学会）
太田秀春二〇〇六「近世の幕藩関係と大名支城の統制：仙台藩の事例から」（『歴史』一〇六、東北史学会）
太田秀春二〇一二「城郭にみる象徴性：伊達氏による虎口の改修をめぐって」（入間田宣夫編『講座東北の歴史』一巻、清文堂出版）
太田秀春二〇一六「伊達氏の城郭：仙台城・支城・懸造」（高橋充編『東北の中世⑤東北近世の胎動』、吉川弘文館）
尾崎久美子二〇一〇「北方の政治的コンテクストからみた天保国絵図改訂事業―盛岡藩・弘前藩を中心として―」（『歴史地理学』五二―一、歴史地理学会）

小和田哲男一九八一「城郭用語事典」（平井聖ほか編『日本城郭大系』別巻Ⅱ、新人物往来社）
加藤得二一九八五「城の壁」（『日本の壁—鏝は生きている』INAX）
北垣聰一郎一九八七『石垣普請』（法政大学出版局）
城戸　久一九七二『城と民家』（毎日新聞社）
行田市郷土博物館二〇〇九『徳川三代と忍藩』（行田市郷土博物館）
古河歴史博物館二〇一〇『古河城』（古河歴史博物館）
高知県教育委員会一九五七『重要文化財高知城天守修理工事報告書』（高知県教育委員会）
桜井敏雄・松岡利郎一九七六「城郭における楼閣建築について」（『近畿大学理工学部研究報告』一一）
佐々木健策二〇一九『戦国・江戸時代を支えた石』（新泉社）
佐藤宏之二〇一四「城の受け取りと武家の財：近世の城、その構成要素（中近世における武士と武家の資料論的研究）」（『国立歴史民俗博物館研究報告』一八二）
重要文化財丸岡城天守修理委員会一九五五『重要文化財丸岡城天守修理工事報告書』（重要文化財丸岡城天守修理委員会）
織豊期城郭研究会二〇一四『織豊期城郭の石切場』（織豊期城郭研究会）
新庄市一九九三『新庄市史　第二巻　近世（上）』（新庄市）
新庄市一九九五『新庄市史　第二巻　近世（下）』（新庄市）
第三二回全国城郭研究者セミナー実行委員会『「障子堀」の新展開』（中世城郭研究会）
高田開府四〇〇年記念誌編集委員会二〇一四『高田開府四〇〇年』（高田開府四〇〇年祭実行委員会）
高田　徹一九八八「江戸期における天守—その機能・使用方法・管理体制等を中心として—」（『中世城郭研究会』

一二、中世城郭研究会）
高田　徹一九九五「慶長期における本城・支城構造」（『中世城郭研究』九、中世城郭研究会）
高田　徹一九九九「三河挙母城の変遷―特に桜城の構造を中心として―」（『中世城郭研究』一三、中世城郭研究会）
高田　徹二〇〇〇「近世初頭における岡崎城の縄張りの変遷―天守及び廊下橋周辺の検討から―」（『愛城研報告』五、愛知中世城郭研究会）
高田　徹二〇〇〇「『正保城絵図』注記中の城郭用語」（『愛城研報告』五、愛知中世城郭研究会）
高田　徹二〇〇〇「近世城郭における枡形虎口」（『中世城郭研究』一四、中世城郭研究会）
高田　徹二〇〇一「高取城の縄張りについて」（城郭談話会編『大和高取城』、城郭談話会）
高田　徹二〇〇二「丸馬出に関する一考察―縄張り研究の立場から―」（『中世城郭研究』一六、中世城郭研究会）
高田　徹二〇〇三「近世初頭城郭虎口の基礎的検討―正保城絵図による分析を中心に―」（『織豊城郭』一〇、織豊期城郭研究会）
高田　徹二〇〇四「詰城・居館部に関する一考察―近世城郭の事例から―」（『城郭研究室年報』一三、姫路市立城郭研究室）
高田　徹二〇〇四「いわゆる石落について」（『城館史料学』二、城館史料学会）
高田　徹二〇〇五「飛騨・高山城の破却―近世における城破り事例について―」（織豊期城郭研究会編『森宏之君追悼城郭論集』、織豊期城郭研究会）
高田　徹二〇〇五「三河吉田城の修復と植生管理―『吉田藩普請奉行日記』の記述を中心に―」（『愛城研報告』九、愛知中世城郭研究会）
高田　徹二〇〇五「屏風折れの折塀について」（『戦乱の空間』四、戦乱の空間編集会）

髙田　徹二〇〇七「近世における城郭・陣屋の破却―近世史料による若干の事例から―」（『織豊城郭』一一、織豊期城郭研究会）
髙田　徹二〇〇七「山城・平山城の斜面―城郭における樹木繁茂に関する一考察―」（『戦乱の空間』六、戦乱の空間編集会）
髙田　徹二〇〇九「犬山城天守の評価をめぐって―過去の天守をめぐる評価と課題―」（『愛城研報告』一三、愛知中世城郭研究会）
髙田　徹二〇〇九「郡山城の縄張りについて」（城郭談話会編『大和郡山城』、城郭談話会）
髙田　徹二〇〇九「堀の外側―空間・塵防・柵木―」（『戦乱の空間』八、戦乱の空間編集会）
髙田　徹二〇一一「近世城郭の土塁構造」（『戦乱の空間』一〇、戦乱の空間編集会）
髙田　徹二〇一三「城郭由来の移築建造物について」（『城郭研究室年報』二一、姫路市立城郭研究室）
髙田　徹二〇一三「「合坂」考」（『戦乱の空間』一一、戦乱の空間編集会）
髙田　徹二〇一四「江戸期の天守と三階櫓小考」（『戦乱の空間』一二、戦乱の空間編集会）
髙田　徹二〇一四「近世城郭の土橋・木橋・廊下橋」（小和田哲男先生古稀記念論集刊行会編『戦国武将と城―小和田哲男先生古稀記念論集』、サンライズ出版）
髙田　徹二〇一六「櫓台・礎石・土台・柱考―普請と作事を結ぶもの―」（『織豊城郭』一六、織豊期城郭研究会）
津山市教育委員会二〇〇〇『津山城　資料編』（津山市教育委員会）
栃木県立博物館二〇〇六『名城宇都宮城』（栃木県立博物館友の会）
鳥羽正雄一九七一『日本城郭辞典』（東京堂出版）
富田紘一監修二〇〇八『定本熊本城』（郷土出版社）

長野県立歴史館二〇一六『信濃国の城と城下町』（長野県立歴史館）
中野渡一耕二〇〇〇「『築城願』に見る八戸藩の家格上昇運動」（『八戸地域史』三五・三六、八戸歴史研究会）
西ヶ谷恭弘一九六九『城郭』（日本城郭資料館）
西股総生二〇〇八「日本三平山城と三平城」（『日本名城百選』、小学館）
野口絵理、加賀谷誠一 二〇〇九『五稜郭設計者に備わっていた稜堡式城郭の知識に関する研究』（『日本地域学会年次大会学術発表論文集』、日本地域学会）
姫路市立城郭研究室二〇一五『姫路城石垣の魅力』（姫路市立城郭研究室）
平井　聖一九六八『日本の近世住宅』（鹿島研究所出版会）
松岡利郎一九九四「盛岡城の建築―その御三階櫓と殿舎配置・楼閣について―」（『城郭史研究』一四、日本城郭史学会）
丸岡城国宝化推進室二〇一七『知られざる丸岡城』
宮里学・西海真紀二〇一七「甲府城の温泉遺構」（『月刊考古学ジャーナル』六九三、ニュー・サイエンス社）
森田克行一九八四『摂津高槻城―本丸跡発掘調査報告書―』（高槻市教育委員会）
山形県一九八五『山形県史　第二巻　近世編上』（山形県）
横田冬彦一九八〇「近世初期城郭の作事編成」（『日本史研究』二一二、日本史研究会）
吉母波百児著 大鳥圭介訳 一八六四『築城典刑』（陸軍所：国立国会図書館デジタルコレクション）

あとがき

本書を編むきっかけとなったのは、宮崎県日南市の飫肥城で塀の控柱を見たことであった。著者の一人である高田は、平成二十八年（二〇一六）に震災で痛々しい被害を受けた熊本城の現場を見た後、鹿児島県・宮崎県の城跡を見て回った。

飫肥城も見て回ろうと思い、探訪予定日の前日は、飫肥城下町の一角にある民宿に泊まった。その前日は時間と経費節約のため、レンタカーの車内で一夜を過ごしたのだが、南国宮崎はことのほか寒く、ほとんど眠ることができなかった。だから、飫肥の民宿ではしっかり睡眠を取ったうえで体調を整え、翌日は早朝から飫肥城を貪欲に見て回るつもりでいた。ところが、民宿でお茶をガブ飲みしすぎてしまい、脳が覚醒してしまう。一睡もできぬまま朝を迎え、ふらふらになりながら飫肥城に向かうと、なんと城跡一帯は、この日から始まる「飫肥城まつり」を準備する人たちで溢れていた。大手門前は人が途切れず、思うような写真が撮れなかった。

それでも、旧本丸跡だけは閑散としており、すっくと伸びた飫肥杉の大木、そして本書でも取り上げた数本の土塀控柱を見て、気持ちが高ぶった。当初、自分の頭が朦朧としているから控柱それぞれの長さ、ほぞ穴の位置が不揃いに見えるのかと思っていたが、どうもそうではない。何度見返しても、やはり不揃いなのだ。では、なぜそんな状態になっているのか。人気のない旧本丸跡で、控柱を一つ一つじっくり観察しながら、あれこれ考えてみた。そして、自分なりの答えを導きだせたときは満足感が得られた。思考する時間は、楽しくもあった。

それにしても、世に城郭関連の書籍は多いが、塀の控柱について詳しく触れたものをみたことがない。しかし、このような遺構であっても調査・研究の対象となるし、少なからぬ論点があるに違いないのである。

ならば、塀の控柱をはじめ、これまでほとんど注目されてこなかった遺構や、近世城郭に関して論点になりそうな事項等を取り上げ、一冊にまとめてみてはどうだろうかと考えた。そしてそれは、近世城郭の調査・研究のすそ野を広げることにつながるのではないかとも思えた。

そこで、日ごろ親しくさせて頂いている友人・先輩方にも声をかけ、一城一項目の要領で、それぞれのテーマで執筆をお願いした。不本意ながら、締め切りに間に合わず、掲載できなかった項目があったのは残念であった。

ただし、筆者自身もネタに困っているわけではなく、近世城郭を訪れれば、大抵いくつかの論点を見出すことはできる。それだけ近世城郭の遺構は多岐にわたり、抱える情報量は大きいのだ。

例えば、思い入れのある名古屋城では、金鯱、剣塀（忍び返し）、連立式天守の系譜、城外への脱出路?（埋門）、堀で飼育される鹿等の項目が思い浮かぶ。しかし、結局は本文に述べた通り清正石を取り上げた。ちなみに、「堀で飼育される鹿」ならば、城内で飼育される動物、城内に棲息する動物について書くつもりであった。今、名古屋城の本丸堀では鹿が飼育されているが、江戸期にも一時期、二の丸の堀で鹿が飼育されていた。ところが、鹿が藩士を傷つける事態が起こり、野に放たれたのであった（『金城温古録』による）。和歌山城では「鶴の渓」と呼ばれるところがあり、鶴の餌を入れていたという石が残されている（現在、復元天守内部に保管）。他にもさまざまな動物が城内には飼われていたであろう。今後も事例を集めていきたいと思っている。

城外の脱出路というのは、名古屋城二の丸の西側にある埋門を起点とするものである。現地にはそれに関して説明した立札が建っているけれども、いくつか疑念がある。詳しくは別の機会に述べてみたいが、通説と言われるものの中には怪しいもの、史料的な裏付けがはっきりしないもの、見直しが必要なもの等が存在する。こうした通説を再検討してみることは、結構楽しい。本書をお読みいただき、同じ思いを抱いて頂ける方がいらっしゃったなら、とても嬉しく思う。

本書が好評となったならば、ぜひ続編をつくり、今回取り上げられなかったネタを記してみたい。あるいは、姉妹編として「中世城郭編」「織豊期城郭編」という企画もよいのではと思っている。

最後になるが、戎光祥出版株式会社代表取締役の伊藤光祥氏、編集長の丸山裕之氏をはじめとする編集スタッフの方々には大変お世話になった。ここに厚くお礼を申し上げたい。

二〇一九年春

執筆者を代表して　髙田　徹

【執筆者一覧】

太田秀春　一九七三年生。現在、鹿児島国際大学教授。

神山　仁　一九五七年生。現在、日本城郭史学会委員・城郭史料研究会会員。

工藤茂博　一九六三年生。現在、姫路市立城郭研究室学芸員。

関口和也　一九六四年生。現在、城郭史料研究会会員。

髙田　徹　一九六五年生。現在、城郭史料研究会会員・城郭談話会会員。

多田暢久　一九六五年生。現在、姫路市立城郭研究室係長。

山本浩之　一九六四年生。現在、中世城郭研究会会員。

【編者紹介】

城郭史料研究会（じょうかくしりょうけんきゅうかい）

城郭を縄張り、文献史料、考古学的な成果、絵図、古写真等から幅広く、多角的に、調査・研究することを目的として、平成30年(2018)に有志により創会された。今後は、本書の続編や姉妹編として、従来とは異なった目線で城郭の現存建築、城郭の移築建造物、城郭の古写真等の著述を進める予定。

装丁：山添創平

歴史史料に学ぶ②

近世《きんせい》城郭《じょうかく》の謎《なぞ》を解《と》く

二〇一九年五月八日　初版初刷発行

編　者　城郭史料研究会

発行者　伊藤光祥

発行所　戎光祥出版株式会社

東京都千代田区麹町一－七
相互半蔵門ビル八階

電　話　〇三－五二七五－三三六一(代)

ＦＡＸ　〇三－五二七五－三三六五

編集協力　株式会社イズシエ・コーポレーション

印刷・製本　モリモト印刷株式会社

https://www.ebisukosyo.co.jp
info@ebisukosyo.co.jp

ISBN978-4-86403-319-0